子ども理解と援助

―より深い専門性の獲得へ―

堂本真実子

わかば社

はじめに

　保育は、子どもたちにとって初めての集団生活の場です。ここで、どのような人に出会い、どのような物とかかわり、どのような空間で、どのような出来事と出会っていくのかが、子どもの健やかな育ちを左右します。養育の第一義的責任が保護者であるといっても、一定時間子どもの命を預かって保育する私たちは、とても大きな責任を担っています。特に、子育てを通して初めて子どもと接することが多い現代社会において、保育者の専門家としての役割は、年々上昇しているといってよいでしょう。

　子どもは、私たち大人とは、少し異なる世界を生きています。まわりの物事に対する見方も、感じ方も、とらえ方も違いますし、生理的機能も、感情の出し方も、運動技能も、体力も筋力も、視野も違います。それでいて、およそ0歳から6歳までに、驚くほどの変化を見せます。その一年一年に合わせて、適切な環境を整え、適切な対応を求められる保育という仕事は、本来、誰でもできる簡単なものではありません。

　また保育者は、1歳や2歳は6つ子で、3歳になれば20人子など、子育てでは考えられないような配置基準で保育を営んでいます。子育てとして見ればありえない人数でも、私たちは専門家として、子どもたちが物事に集中できるように、あるいは友達と楽しく過ごせるように環境を構成し、養護と教育の一体的展開を通して、このありえない事態を、保育ならではの魅力的な世界へと変えているのです。

　それでも、一人一人の子どもが自分を発揮できるよう援助することは、並大抵のことではありません。また最近では、身体をうまく動かせない、追視ができない、距離感や力加減が調節できないなど、さまざまな感覚をうまく統合できず、生きづらさを抱える子どもがとても増えています。私たちは、そうした子どもたちの見方、感じ方に寄り添う必要にも迫られています。「いやだ」と拒否する姿の裏側には、警戒心やわからなさが潜んでいます。それを共感的に理解し、導いてこそ、子どもは生きることが楽になります。

　発達にふさわしい育ちを支え続けるために、私たちは、さまざまな視点をもって子どもを理解していきます。子どもと共に快適な生活を送るためには、クラス全体の状況性を見極め、適宜個別対応ができる保育者の目が必要です。乳幼児期に必要な活動を展開するためには、遊び理解や教材の理解、環境と子どものかかわりを理解していく必要があります。また、人間関係を豊かにし、一人一人に適切な対応をしていくためのさまざまな子ども理解があります。そして、すべてに通底するところに、発達の理解があるでしょう。乳幼児期ほど、飛躍的な発達をとげていく時期はありません。より深い専門性を獲得するために、本書を通して、保育の中核にある子ども理解の内実をお伝えできたらと思います。

2023年11月

堂本　真実子

目　次

第4章　保育記録と子ども理解

第5章　保育の質が左右する子ども理解と援助

<**本書について**>

○ 本書では0～3歳未満児の教育を含め、「幼児教育」という用語で解説しています。
○ 本書では、第1章～第5章の章末に、その章での学びがより深まるよう学生自身
　 が自ら取り組んだり、考えたりできる「演習課題」を掲載しています。なお、「演
　 習課題」の解答例などは特に示していません。
○ 本書掲載の事例や資料の子どもの名前はすべて仮名です。また事例等の子どもや
　 保育者の言葉（方言など）は、実際に表現された言葉のまま記述しています。
○ 本文に関連する内容を「Column」として随所に設けています。
○ 引用文献は巻末に一括掲載しています。

序章

子ども理解と援助

　　この章では、科目として学ぶ内容について、全体を見ていきます。そして、保育者の子ども理解がなぜ重要なのか、その専門性から考えていきます。保育者の子ども理解は、多元的で多岐にわたり、その園の文化が色濃く反映されます。その上で、どの場面でも子ども理解の視点となる一般的な発達の流れについて、おさえておきたいと思います。

1 この科目で学ぶこと

　本書で学ぶ「子ども理解」は、幼稚園教諭免許取得のための「道徳、総合的な学習の時間等の指導法及び生徒指導、教育相談等に関する科目」の中の「幼児理解の理論及び方法」として必修科目に位置づけられています。また、保育士養成課程においても、「子どもの理解と援助」として、同じく必修科目となっています。つまり、幼稚園教諭、保育士、保育教諭を目指すためには、理解しておく必要のある内容であり、とても大切な科目といえます。

　本書では、まずこの序章で、保育という仕事に子ども理解はどう位置づくのか、なぜ保育者にとって重要な課題であるのかについて、保育の専門性から考えます。

　第1章では、子ども理解を学ぶ出発点として、「理解」とは何かについて哲学を通して考えます。この哲学的知見を基盤にして、子ども理解の2つの方法、「かかわりを通して得る理解」と「観察を通して得る理解」について学びます。

　第2章では、実際に保育を営む上で必要となる子ども理解と援助について、生活、遊び、一斉保育場面から考えていきます。それぞれの場面で、果たすべき保育者の役割は異なります。それは、子ども理解の視点も生かし方も異なることを意味します。保育を実践する上で、知っておくべき内容です。

　第3章では、一人一人の子ども理解のヒントとなる個性の出方や、個別対応が必要となりやすい場面、子ども同士のトラブル、特別な配慮を要する子どもへの対応について学びます。また、個別対応に深いかかわりのある保護者対応についても学んでいきたいと思います。

　第4章では、保育者の子ども理解を支え、深めていく記録法について学びます。専門性の向上と保育の可視化において、とても重要な役割を果たすものとして議論も活発になっている分野です。ぜひ、参考にして取り組んでみてください。

　そして第5章では、子ども理解を通して保育の質の問題に迫り、保育者の子ども理解を支える同僚性についても考えていきたいと思います。

　保育における子ども理解の視点は、多岐にわたります。発達の理解、遊びの理解、教材の理解、環境の理解、集団の理解、個人の理解等があり、単に一人の子どもの性格の理解だけで保育を営むことはできません。この科目を通して、子ども理解とは保育者の大きな専門性の一つであることを学んでほしいと思います。

「幼児理解の理論及び方法」と「子どもの理解と援助」

幼稚園教諭免許		保育士資格	
各科目に含めることが必要な事項	幼児理解の理論及び方法	科目名	子どもの理解と援助（演習・１単位）
一般目標	（１）幼児理解の意義と原理 　幼児理解についての知識を身に付け、考え方や基礎的態度を理解する。 （２）幼児理解の方法 　幼児理解の方法を具体的に理解する。	目標	１．保育実践において、実態に応じた子ども一人一人の心身の発達や学びを把握することの意義について理解する。 ２．子どもの体験や学びの過程において子どもを理解する上での基本的な考え方を理解する。 ３．子どもを理解するための具体的な方法を理解する。 ４．子どもの理解に基づく保育士の援助や態度の基本について理解する。
到達目標		指導内容	
（１）幼児理解の意義と原理 １）幼児理解の意義を理解している。 ２）幼児理解から発達や学びを捉える原理を理解している。 ３）幼児理解を深めるための教師の基礎的な態度を理解している。 （２）幼児理解の方法 １）観察と記録の意義や目的・目的に応じた観察法等の基礎的な事柄を例示することができる。 ２）個と集団の関係を捉える意義や方法を理解している。 ３）幼児のつまずきを周りの幼児との関係やその他の背景から理解している。 ４）保護者の心情と基礎的な対応の方法を理解している。		１．子どもの実態に応じた発達や学びの把握 （１）保育における子どもの理解の意義 （２）子どもの理解に基づく養護及び教育の一体的展開 （３）子どもに対する共感的理解と子どもとの関わり ２．子どもを理解する視点 （１）子どもの生活や遊び （２）保育の人的環境としての保育者と子どもの発達 （３）子ども相互の関わりと関係づくり （４）集団における経験と育ち （５）葛藤やつまずき （６）保育の環境の理解と構成 （７）環境の変化や移行 ３．子どもを理解する方法 （１）観察 （２）記録 （３）省察・評価 （４）職員間の対話 （５）保護者との情報の共有 ４．子どもの理解に基づく発達援助 （１）発達の課題に応じた援助と関わり （２）特別な配慮を要する子どもの理解と援助 （３）発達の連続性と就学への支援	

参考：全国保育士養成協議会「平成 30 年度保育士養成研究所第 3 回研修会資料」
「資料 6　幼稚園教諭養成課程と保育士養成課程を併設する際の担当者及びシラバス作成について」2018

2　保育における子ども理解と援助

（1）保育の専門性

　保育は、子どもにとって初めての集団生活の場であり、教育の場です。ここには、学校教育とは異なる専門性があります。たとえば、学校の教室の環境はどれも同じです。机と椅子が黒板に向かって並べられ、黒板の前にはスクリーンや教壇があります。そしてこの環境は、30人程度の児童生徒が、前を向いて先生の話を聞くということを表しています。ですが、保育ではこのような環境の構成をしませんし、発達的にふさわしくもありません。保育には、それにふさわしい専門的な環境の構成があります。その目的は、乳幼児期の子どもの発達を助長することであり、それは「能動性の発揮」と「発達に応じた環境からの刺激」によって促されます[1]。乳幼児期の子どもが、環境からの刺激を受けて、自ら動くことが目的なので、教室のような環境にはなりえないのです。

　まず乳児は、聞こえるもの、見えるもの、手が届くものから出発して、感覚的な試行錯誤を通して世界を広げていきます。その延長線上にいる幼児とて、同じことです。自分で見て、聞いて、触って、かかわって、好奇心と共に自分なりのペースで試行錯誤を繰り返すことが、幼児期の学びです。子どもにとって、心と身体が連動して動くことがもっとも幸せであり、学びとしても効果的なのです。したがって、保育者の専門性は、前に立って授業を行うことではなく、「能動性を発揮して動き回る複数の子どもを、常に視野に入れて相手にしていくこと」だといえます。

　複数の子どもが動き回っているので、複数の出来事が同時多発的に起こります。これを「複合的状況」と呼びましょう。2歳児の着替えの場面であれば、誰かが、そでが脱げないで困っており、誰かは、蛇口の水を盛大に出しっぱなしにして遊んでおり、誰かは、おもらしをして、立ち尽くしています。4歳児の遊びの場面であれば、「仲間に入れて」といえないでじっと遊びの様子を見ている子どもがおり、黙々と泥団子をつくっている子どももおり、大型遊具を使ってごっこ遊びを楽しんでいる子どももいます。実際は、もっともっと複雑で多岐にわたりますが、このような複合的状況に身を置き、何がしかの判断でもって、動いていくのが保育者です。しかし、身体は一つしかありません。何を準備して、どこに行って、何をするのか、この問いの答えに、保育者が求められている能力があるのです。

まず、子どもが園生活をスムーズに送っていくためには、保育者に全体を動かす力が必要です。少なくとも、昼食時には食事をする必要がありますし、そのためには、片づけも行わなければなりません。保育者は、誰がどこで何をしているのかという状況を把握し、何から援助していくのかという優先順位を立て、だいたいこうなるだろう、こうしていこうという先の見通しを立てて動いていきます。また、遊び場面では、子どもにとって手応えのある環境を構成し続けていく力と学びの動機に働きかける表現力が必要になります。さらに、一人一人の心身を適切に支えていく個別対応力も、必須の能力としてあります。

　保育者は、計画力、見通し力、状況判断力、環境構成力、表現力、個別対応力を駆使して、子どもと生活を送っています。おそらく、すべての能力が秀逸である保育者はほんの一握りです。それも、天賦の才としてあるのではなく、この道を歩み続ける中で身につけていくものです。

　ところで、学生のみなさんの家事の能力は、いかがでしょう。料理をして、掃除をして、洗濯をして一日を回すことは、複合的状況を自分の身体でつくり出し、自分の身体でさばいていくことです。そこには、計画、見通し、判断が自ずと反映されます。この実践力は、実は、保育における大きな力として働きます。ぜひ、今日から取り組んでみてください。

　保育現場もそれぞれ、みなさんが育つための工夫をしています。本書を通して、これから先、求められる専門性について学び、心構えをつくっていってほしいと思います。

（2）子ども理解の重要性

　能動性を発揮する子どもたちを支えていくためには、子どもたちの意欲、興味・関心をとらえ、それが湧くような、あるいは持続するような環境の構成と援助をし続けていく必要があります。現代では、子ども目線で考えれば、電子ゲームや動画視聴がそれかもしれませんが、保育で用いることはまずありません。環境の構成には、願いがあります。たとえば、ごっこ遊びの環境には、物や場とかかわって、友達と創造的模倣の世界をつくってほしいという願いがあります。そうした願いを込めた環境から出発して、子どもがそれとのかかわりにおいてどのような遊びをつくり出すのか、あるいはつくり出せないのか、保育者は探っていきます。そうして、ある場面では仲間入りを助けたり、ごちそうができる材料を用意したり、場づくりの提案をしたりするのです。環境において展開する子どもたちの能動性の在りようを理解しないことには、適切な援助は生まれません。

　また、能動性を発揮するための基盤として働いているのが、情緒の安定です。新しいことに向かっていける勇気や知的好奇心は、安心を礎（いしずえ）としています。園生活において、その鍵を握っているのは保育者です。子どもの年齢が低ければ低いほど、養護の必要性が高く、それは大きな問題となっていくでしょう。保育者が、一人一人の子どもの楽しさやおもし

ろさ、そして喜びを分かち合う人であり、困ったとき
に助けてくれる人であることが、確かな信頼関係を育
んでいきます。そのためには、一人一人の子どもの好
きなことや困りやすいことを理解していかなければな
りません。

　保育者の具体的援助の根拠となり、それを方向づけ
ていくものが子ども理解です。その意味で、子ども理
解が、保育のもっとも重要な課題だといえるでしょう。

（3）多元的かつ多岐にわたる子ども理解

　子ども理解は、援助の根拠となるものですが、援助が多岐にわたるので、子ども理解の
視点も多岐にわたります。登園から降園まで、クラス全体で生活を営むための子ども理解
がありますし、遊びや一斉保育といった活動を進めていくための子ども理解があります。
また、適切な個別対応のための、一人一人についての理解があり、それは発達課題や子ど
も同士の関係理解へとつながっています。そして、保育のすべての場面にかかわって、5
領域のねらいが視点となる子ども理解があり、それはカリキュラムへとつながっています。
　生活を進めること、活動を展開すること、個別対応をすること、計画を立てること、あ
るいは計画において定めたねらいに応じて保育を営むこと、この多元的かつ多岐にわたる
子ども理解と援助を、保育者はおよそ直感的な判断力によって、次々にこなしていきます。
いつも泣いている子の情緒の安定を図り、そこで彼女が抱えている問題を探る傍らで、ケ
ガをした子の手当をし、盛り下がりはじめた鬼遊びに気づき、真剣な面持ちで顔を突き合
わせて何かを見ている子どもたちが目に入るのです。保育者の頭の中にあるのは、目の前
にある出来事だけではありません。毎日、一生懸命なわとびの練習をしているＡちゃん
を、どこかのタイミングで支えたいと思っているし、今日こそ遊びの拠点を次々に移して
いくＢくんたちが、一体何を楽しんでいるのか、それとも、することがないのか探りた
いと思っているのです。
　子どもは、自分で育つ力をもっていますので、自然と言葉の数も増えますし、身体もい
ろんなふうに動かせるようになり、人とのかかわりも豊かになります。保育者が見える範
囲で、見えることからさほど考えず動いても、安全さえ確保されていれば保育は成り立ち
ます。しかし、それでは保育のプロとはいえません。一人一人の子どもの、あるいは子ど
もたちの、何をどう育てたいかという思い、ねらい、願いをもち続け、多元的かつ多岐的
な子ども理解をし続けていること、それを根拠に、妥当で、ときには自分にとって冒険的
で挑戦的な実践を重ねていくことが、プロとしての保育者だといえるでしょう。

3 園文化と子ども理解

　生活を営む場である園は、その地域性や歴史性、そして理念が色濃く反映されて、独自の園文化を形づくっています。遊び一つを取っても、その時間、空間、内容、約束事はさまざまでしょう。登園してから朝の会までの30分程度が遊びの時間である園もあれば、登園してからお昼前まで、1時間半以上遊ぶ園もあります。園庭の広さ、起伏、植物の種類、畑の有無などもさまざまですし、泥んこができる園、できない園、戸外遊びが盛んな園、保育室で遊ぶことがほとんどの園など、遊び方も異なります。いろいろな場面でルールが細かい園もあるでしょうし、それが自由な園もあるでしょう。

　その園に所属する保育者は、その園の考え方や慣習性に包まれて育ちます。30分の遊びと1時間半以上の遊びでは、種類も内容も展開も異なります。したがって、子どもの経験も違いますし、それを援助する保育者の子ども理解も環境の構成も自ずと違ってきます。仮に、遊びの時間は30分という生活の流れをもつ園で、遊びの時間を長くしたいと思っても、1時間半の遊び時間を一個人でつくっていくことは、まず無理です。連綿と受け継がれてきた秩序に、違和感を与える出来事になるからです。園文化や慣習性を変えるためには、園全体が、新しい価値観を共有し、全体としてその方向に向かわなければなりません。その出発点となる小さなしずくを、新しい保育者が落とせることもあります。しかし、それが大きな泉となるためには、まわりの理解が静かに満ちていく時間が必要でしょう。

　保育者の子ども理解は、その園の文化、慣習性のもとで鍛えられていきます。違和感なく、なじんでいくことができれば、働きやすさとなりますし、違和感が大きい場合は、働く上での葛藤も大きくなるでしょう。保育界は、よくも悪くも千差万別です。実習園だけでなく、アルバイトや見学、さまざまな園のホームページなどをたくさん見て、魅力を感じる保育のイメージを広げていくことをお勧めします。

　また、保育者になってから、知らぬ間に身についていく見方、考え方を相対化し、客観的に見てみることも大切です。こんなこと子どもにはできないだろうと思っていることが、別の園では、すんなりできているかもしれません。子どもたちがいろいろな刺激を受けて育つように、私たち保育者も、自分の保育を見てもらったり、他の園を見学したり、自分自身で本や雑誌を通してさまざまな取り組みを参考にし、学び続ける姿勢が大切です。

4　子ども理解を支える発達のめやす

　人間は、その脳のサイズから予測されるよりも、約1年早く未熟な状態で生まれるといわれ、スイスの生物学者のポルトマンは、これを「生理的早産」と呼びました。人間のこの特性は、社会文化的環境の中で、他者の庇護、養育がなければ生きていけないことを意味しています。生活技能、言葉、運動、認知、情緒等、多くの発達過程が、他者の力を借りて実現されていきます。身も心も著しく発達する時期に、どのような空間で、どのような時間を過ごすのかはとても大きな問題であり、私たち保育者はその責任を担っています。

　一人一人、まったく違う人間であっても、歩くようになる過程や言葉が話せるようになる過程が異なるわけではなく、また、その獲得時期もだいたい同じです。私たちは、子どものおおよその発達の流れを知ることで、それぞれの段階における保育の目的や見通しをもつことができます。

　特別支援教育学者の白石正久は、発達は子どもの「○○がしたい」「○○ができるようになりたい」という願いによって獲得されていくものであり、そうしたあこがれが生まれる「発達の一歩前をいく活動」を用意し、その実現のためにがんばれるように導くのが保育の仕事だと述べています[2]。以下では、保育における発達のとらえ方と一般的な発達の流れについて、学んでいくことにしましょう。

（1）発達のとらえ方

　保育とは、適切な環境のもとで、子どもの心身の発達を図ること、あるいは助長することと法律で定められています。この「発達」について、『幼稚園教育要領解説』では次のようにとらえられています。

　　人は生まれながらにして、自然に成長していく力と同時に、周囲の環境に対して自分から能動的に働き掛けようとする力をもっている。自然な心身の成長に伴い、人がこのように能動性を発揮して環境と関わり合う中で、生活に必要な能力や態度などを獲得していく過程を発達と考えることができよう[3]。

ここで述べられている「自然な心身の成長」過程は、多くの心理学的知見によって明らかにされてきました。たとえば、1歳前後で二足歩行ができるようになるとか、生後6か月頃から人見知りがはじまるなどといったことです。こうした知見は、母子手帳にも反映されていますし、保育者の子ども理解の大きな枠組み、すなわち全体的な計画や教育課程に反映されています。

　しかし、このような一般論としての発達の姿は、保育を具体化したものではありません。3歳児で「指先を使えるようになる」といった姿は、たとえば、箸をもつ、葉っぱを一枚一枚根元からちぎる、きれいな泥団子をつくる、両手を使ってはさみで円を切ることです。こうした発達を表す具体的な姿は、各園の文化に規定されています。外遊びに重点を置く園と音楽に重点を置く園では、その発達の尺度（とらえる内容）は、自ずと違ってくるでしょう。したがって、各園がもつ子どもの具体的な発達の流れは、その園の文化、経験知によって形づくられているのです。

　子どもの自然に成長していく力は、園の環境と保育者とのかかわりによって、具体的に展開していきます。一般論としての発達の姿を知っておくことはとても大切ですが、実践自体は、各園の文化、経験知がつくる発達の流れの中にあります。その意味で、その園の実践に基づく子どもの育ちを見通せるようになるには、3年ほどかかると考えるとよいでしょう。

（2）　発達のめやす

　はじめに述べたように、一人一人異なる個性をもっていても、発達の道すじやその獲得時期が著しく異なるわけではありません。私たちは、多くの研究結果からおおよその発達の流れを知ることができます。この知識は、保育者が見通しをもって保育をするための大きな手助けになります。

　乳幼児期は、もっとも発育の著しい時期です。身長は生まれてから1歳で1.5倍、5歳には2倍ほどになり、体重も3か月で約2倍、1歳で約3倍、5歳で約6倍にもなります。それと共に、神経系の発達も著しく、およそ6年間でさまざまなことができるようになります。その過程では、思うようにいかない多くの挫折や葛藤があり、子どもは保育者のまなざしに励まされて、発達の壁を乗り越えていきます。

　次頁の表は、保育場面に合わせて、基本的生活習慣、言葉、運動、人とのかかわり、物とのかかわりから、子どもの発達の流れをおおまかに記しています。幼児期は個人差が大きいため、めやすに過ぎませんが、子どもがさまざまな葛藤を乗り越え、喜びや楽しさ、おもしろさを通して成長できるよう、参考にしてみてください。

乳幼児期の発達のめやす

年齢	基本的生活習慣・言葉の発達	運動の発達	人とのかかわり	物とのかかわり
0歳前半	・だんだん昼夜の区別がつく ・およそ3時間おきの授乳 ・排泄 ・音を聞き分ける ・人が着目したもの、指さしたものに着目する ・人の声に心地よさを感じる ・喃語が活発になり、声を出すことを楽しむ	・だんだん首が据わる ・うなる ・りきむ ・手足をバタバタさせる ・親指が外に出て、5本の指が開いてくる ・つかむ ・寝返り ・目と手が協応する	・快、不快を通して、世話をしてもらうことに心地よさを感じる ・養育者に愛着をもち、視線を送る ・口の動きに着目する ・二項関係ができ、養育者の言葉がけに反応して、声を出したり、笑ったりし、やりとりに心地よさや楽しさを感じる ・人がもっているものに興味をもつ	・触る、なめる ・じっと見る ・音の鳴るものに興味をもつ
0歳後半	・日中は午前、午後とも1回の睡眠になっていく ・1回の尿の量が増える ・離乳食を楽しみ、手づかみで食べる ・お茶などをストローで飲める ・物、人を特定できる ・大人の言葉を真似る ・大人のいっていることがわかる	・支えられて、お座りする ・ずりばい→後ろばい→はいはい→よつばい→高ばい、→つかまり立ち→伝い歩き→片手で手をつないで歩く ・行きたいところに、自分で移動する ・大人の声かけのリズムに合わせて、身体を動かす ・手を使おうとする	・身振り、手振り、声で自分の要求を伝える ・指さして伝えようとする ・三項関係ができ、物を介して人とやりとりできるようになる ・「いないいないばぁ」を楽しむ ・人見知りする ・大人のしていることを模倣しようとする	・物に興味をもって、両手にもつ ・物と物を見比べる ・目についたものをほしがる ・目についたものに興味をもち、手や口で質感を確かめる ・物の出し入れを楽しむ ・物を叩いたりして、音を出して楽しむ ・主に感触の好きな特定のおもちゃができる
1歳	・起きている時間が長くなり、午睡1回の一日のリズムがつく ・排泄の感覚がはっきりし、保育者に予告できる ・好きなものを進んで食べる ・食具を使って食べはじめる ・コップで飲める ・保育者の手助けで、手や足を動かし着脱する ・「どうぞ」「ちょうだい」など、簡単な言葉のやりとりができる ・指さしが盛んになる ・物や人を覚え、それが何か確かめようとする ・言葉の模倣を楽しむ	・一人で歩けるようになる ・興味のあることに向かって、積極的に身体を動かす ・小走りや後ずさりができる ・階段をはって、上り下りができる ・ボールを両手でもって、転がす ・押す、投げる、つまむ、めくるなど、手先、指先を使う	・養育者を拠り所として、さまざまな出来事にかかわる ・分離不安が増し、後追い、大泣きをする ・追いかけっこを楽しむ ・「いないいないばぁ」などの遊びを相手に仕掛ける ・自分の思いを伝えようとする ・拒否や自己主張が激しくなる ・物や場所の取り合いが増える	・ほしいものを探す ・見比べて選ぶ ・大人のしていることに興味をもち、真似してやってみようとする ・自分のしたことの結果に興味をもつ ・道具に興味をもち、使おうとする ・「つもり」で一人遊びをする ・物事の多様な側面を理解しはじめる（赤い車、丸いリンゴなど）
2歳	・生活のパターンに自然に乗る ・トイレで排泄できるようになる	・パタパタと走る ・体軸を保つ ・両足ジャンプができる ・音楽に合わせて身体を動かす	・友達の名前を覚える ・友達がそばにいることを楽しく感じる ・保育者や少人数の友達と見立て遊びを楽しむ	・感触を楽しむ ・なぐり描きを楽しむ ・粘土で、ちぎる、押す、転がす、刺す、くっつける、詰めるなど、さまざまな動きを楽しむ

年齢	基本的生活習慣・言葉の発達	運動の発達	人とのかかわり	物とのかかわり
2歳	・基本的生活技能が身につきはじめ、簡単なことは自分でできる ・食べ物の好みがはっきりする ・二語文から三語文を話せるようになる ・要求を言葉で伝える ・道具や遊具の用途など、身近な環境に対する理解が進み、言葉にする	・利き手が決まってくる ・指先を使って、押さえる、引っ張る、ねじるができる	・自分のものという意識が強くなる ・物の貸し借りができるようになる ・自立心が芽生え、何でも自分でやりたがる ・反面、依存したい気持ちも強く示す	・泥遊びで、水を使い、さまざまな変化を楽しむ ・遊具を使って、積む、つなげる、並べる、混ぜる、くっつけるなど指先を使った遊びを楽しむ
3歳	・排泄、着脱、食事等の基本的生活技能がだいたい身につく ・生活の流れに従って、何をするのか予想ができ、スムーズに動く ・気持ちの切り替えがむずかしいときがある ・文章で話すようになる ・物事の因果関係がわかりはじめ、「なんで」とよく聞いてくる ・印象に残ったことやあったことを話すようになる ・絵本に親しむ ・数がわかりはじめる ・記号に興味をもつ	・姿勢を保つ、バランスを取る、移動するなど粗大運動の基礎ができる ・スムーズに走る ・ツーステップやサイドステップなど、「歩く」バリエーションが増える ・道具を使ったり、一通り手先が使えるようになる	・自分の思いを強く主張する ・「みてみて」「できた」など、承認欲求が高まる ・友達に興味をもち、名前を覚える ・日常生活を再現したごっこ遊びの中で、保育者や友達とふりのやりとりを楽しむ ・順番がわかったり、簡単なルールのもとで、保育者や友達と遊ぶ ・友達と遊ぶことを楽しみにする ・お手伝いを好む	・物の仕組みや機能に興味をもつ ・はさみ、テープ、のり、スコップなど、道具を使って遊ぶ ・線を描くことを楽しみ、頭足人など、つもりで形を描くようになる ・物を見立てて楽しむ ・砂、土、植物などの素材や遊具を通して試行錯誤を楽しむ
4歳	・生活技能が身につく ・生活に見通しをもつようになる ・気持ちの切り替えの個人差が大きくなる ・言葉の数が増え、話し方が流暢になる ・子ども同士で言葉のキャッチボールができる ・あったことを話せるようになる ・現在、過去、未来を表す言葉を話せるようになる ・「だって」など、理由を話すようになる ・絵本の内容がわかる ・数、記号、図形、文字に興味をもつ	・自分の身体の状態がわかる ・自分の思い通りに、身体が動かせるようになる ・全身のバランスを取れるようになり、左右の片足けんけん、ブランコの立ち乗りなどができる ・「〜しながら、〜する」など、同時に2つのことができるようになる ・リズムに乗って身体を動かす ・手先が器用になり、さまざまな道具、遊具が使えるようになる	・自意識が芽生え、自分と他人の区別がはっきりしてくる ・友達とのかかわりが深くなり、親しい友達ができる ・ゆずったり、なぐさめたり、友達に配慮する行動が増える ・自己主張やすれ違いが多くなり、人間関係によるトラブルが増える ・負けると悔しがる ・イメージを共有し、役割分担してごっこ遊びを楽しむ ・鬼ごっこやかくれんぼなど、ルールを共有して、友達と遊ぶ ・順番が守れるようになり、友達にも注意する	・自分のしたいことへの目的意識、こだわりが強くなる ・さまざまな道具、素材を使って遊ぶ ・泥遊び、製作、積み木など、物との試行錯誤を長い時間楽しむ ・画面構成が生まれ、プランをもって絵を描くようになる

年齢	基本的生活習慣・言葉の発達	運動の発達	人とのかかわり	物とのかかわり
5歳	・計画、見通しをもって生活を送ることができる ・時計を気にして動くことができる ・当番活動など、責任をもって取り組むようになる ・聞き分ける能力が育つ ・人の話に注目できる ・友達との会話を楽しむ ・お話をつくって遊ぶ ・自分の考えを言葉にする ・逆さ言葉、なぞなぞ、しりとりなどを楽しめるようになる ・少しずつひらがなが読める ・自分の名前を書こうとする ・生活の中で、数がわかって使う ・物の分類意識が育つ	・大人とほぼ同じ速度で歩く ・力加減がスムーズになる ・タイミングを計って、動くようになる ・うんていや鉄棒で、技ができるようになる ・ドッジボールなどのボール遊びができる ・縄跳び、フープ、コマなど技能を要する遊びを楽しむ ・振りつけを覚え、音楽に合わせて、ダンスを楽しむ	・友達と目的を共有して、協力して動こうとする ・公平さにこだわる ・嫌なことがあっても、気持ちを調整できるようになる ・テーマを共有し、物や場所を使って自分たちでごっこ遊びを楽しむ ・思いつきを出し合って遊ぶ ・友達の注意や意見を受け入れる ・ルールの下で、自分たちで遊ぶ ・チームに分かれてゲームを楽しむ ・友達と連携したり、作戦が立てられるようになる	・自分のプランや手順に従って、描いたり、つくったりすることを楽しむ ・やりがい、プライドをもって、物との試行錯誤を楽しむ ・友達と協力して、描いたり、つくったりすることを楽しむ ・虫取りが上手になる ・段ボールカッター、色鉛筆、ステープラー、トンカチなど、より扱いのむずかしい道具を使って遊ぶ ・折り紙やあやとりを楽しむ

参考：厚生労働省「保育所保育指針」1999、2008、2018、善本眞弓編『演習で学ぶ乳児保育』わかば社、2020

:Column　赤ちゃんとばあば

　　ある動画投稿サイトに4か月の赤ちゃんの動画が上がっていました。養育者の存在の大きさをとても感じるものだったので、紹介したいと思います。

　　赤ちゃんが、ソファーにお座りして大好きなキリンの人形で遊んでいます。そのうち、身体のバランスが崩れていき、赤ちゃんはソファーの上でコテンと倒れてしまいました。赤ちゃんは、「何が起こったんだろう、困ったなぁ」という表情をしています。画面には、母親の「起きたいよ～」と代弁するコメントが入りました。隣にいたばあばが、「倒れちゃったね～、起きてくださ～い」とあやすように言葉をかけます。すると、赤ちゃんが「あう～」と答えるように声を出しました。またばあばが、「ちゃんと立ってくださ～い」というと、「ん、ん」と答えます。そして、起き上がらせてもらい、「よし」とばあばがいうと、「ふ～」と赤ちゃんも息を吐きます。赤ちゃんの顔が明るくなりました。それから、ふと自分の足の指を見つけて触りはじめると、ばあばが、「あんよの爪を見つけました」と実況中継。触り続ける赤ちゃんを見て、「あんよの指を見つけました」と続けます。それから「あ～、どうするんでしょうか」というと、ふと顔を見上げて、ばあばを見て、ばあばが笑うと赤ちゃんも笑います。

　　赤ちゃんは、自分の思い通りに身体を動かすことも、気持ちを言葉で伝えることもできません。まわりの大人は、「こうだろうな」と思いながら、たくさんの言葉をかけ、サポートします。赤ちゃんは、自分に向けられている温かいまなざしと声の抑揚や間を感じて、それに応えるかのように笑顔を向け、声を発します。この「合う」感じが、お互いを幸せな気持ちにし、子どもは心身ともに健やかに育っていくのだと、改めて思いました。

第1章

保育における子ども理解

　この章では、子ども理解の出発点となる「他者理解」について、シュッツの理論（本書 p.22、Column 参照）を背景に学んでいきます。人が他者を理解することの自己解釈作用や、合理性を導く類型化された知識と妥当性を導く文脈性の役割、そして、保育者の専門性を支える２つの理解の方法などについて学んでいきます。

1　理解とは何か

（1）理解の出発点

　序章で述べた通り、子ども理解はとても大切な保育の課題です。これは、援助の妥当性を導くものであり、援助の根拠となるものです。この章では「理解する」とはどういうことなのか、シュッツの理論（本書 p.22、Column 参照）を通して考えていきたいと思います。

　まず、身近で単純な場面、「床にボールペンが落ちている」という出来事から考えてみましょう。0歳の赤ちゃんは、床に落ちているボールペンを見て、「これは、ボールペンである」「ここに、ボールペンが落ちている」「誰かがボールペンを落としていった」などと、思うでしょうか。きっと、「何か光るものがある」「あれは何だろう」といったふうに感じて、それを手に取り、じーっと見たり、触ってみたり、口に入れてみたりするでしょう。赤ちゃんは、ボールペンだとわかりませんが、私たちは、ボールペンだとわかります。さらに、「落ちている」とも認識できるし、「誰かが落としたのかもしれない」とも推測できます。

　私たちはこれまでの経験から、ある形状のものを「ボールペン」と呼ぶことを知っており、何に使うかも知っています。だから、それは「ボールペン」だということができます。そして、通常それは床にあるものではなく、どこかに置かれているものであることを知っています。だから「落ちている」とわかります。さらに、ボールペンは地震などがない限り勝手に落ちることはないと知っているから、「誰かが落とした」と推測できるのです。つまり、ある状況を読み取る（理解する）ということは、自分の知っていること、これまでの経験からもちえた図式、因果関係を類型化し、材料として使っているのだといえます。これは、逆にいうと、自分の中に理解するための材料がなければ、理解できないということを意味します。ですから、赤ちゃんは「ボールペンが落ちている」とは理解できません。

　次に、よくある保育場面、「Aくんがひざを擦りむいて泣いており、保育者が手を引いて歩いている」という様子から考えてみましょう。どの人も、「ひざを擦りむいている」「目から涙が流れている」という事実をとらえたら、Aくんは、痛くて泣いているのだろうと思い、「保育者が手を引いてどこかに移動している」という姿から、ケガの手当をするつもりなのだろうと理解するでしょう。他者理解とは、他者の身体に生起する出来事や他者の身体によって生み出された出来事を媒介にして、「自己の生きられた経験を解釈す

ることによって解釈する」行為であり、それは「自己解釈である」と、シュッツは述べています[1]。Aくんの苦痛の表情、涙、声、ひざのケガ、流れる血など、身体に生起している出来事を、Aくんの痛みの経験として理解するのは、「ケガをしたら痛い」「痛いと涙が出る」ということを私たちが知っているからです。シュッツがいうように、自己の生きられた経験を解釈することによって、Aくんは痛い思いをしていると理解するのです。ケガをして痛い思いをしたことがない人は、Aくんの痛みを理解できないでしょう。しかし、「痛み」の経験がない代わりに、「顔がゆがむときは、いい気持ちではない」とか、「涙が出るときは、つらいとき」という解釈枠で、Aくんの気持ちをわかろうとすることはできます。その通りの経験をしたことがなくても、私たちは他者の身体に生起する出来事や他者の身体によって生み出された出来事から、何かしらの手がかりを見つけて理解しようとすることも多いでしょう。

　「理解とは自己解釈である」という命題から、子ども理解を仕事とする保育者として何を考えるべきでしょうか。一つは、理解する人としての自分の理解の材料を豊かにする方向です。それは、経験を積むことや保育の専門書で学ぶこと、さまざまな教養を深めることによって叶うでしょう。多くの解釈枠を手に入れていくことにつながります。もう一つは、他者の見方、考え方を取り入れていく方向です。先輩保育者や同僚にアドバイスや意見をもらったり、園内研修をはじめとするさまざまな研修に参加することで、その機会を得ることができます。

　多くの子どもとかかわる中で、自然と子ども理解の力はついていくと思います。しかし、どれほどの経験知を積んだとしても、「その理解は思い込みではないか」「別の見方、考え方があるのではないか」という問いをもつことが大切です。このことは、保育の世界では特にいわれていることであり、多くの研修で取り扱われているテーマでもあります。

　あるベテランの保育者が、こんな話をしていました。4歳の男の子が、鉄棒の前回りに挑戦していました。しかし、どうしてもできません。保育者は、きっと怖いのだろうと思っていました。そこで、怖さを解消する方法を、彼にいろいろと投げかけていました。しかし、どうも乗りが悪く、しっくりときません。ある日、副担任の保育者が、ふと思いついたように、「もしかして、Bくんに見られるのが嫌なのかも……」といいました。怖いのではなく、できない自分を仲良しの友達に見られたくないというプライドから、彼が

いるところではしないのではないか、というわけです。保育者は、彼の性格からしてそうかもしれないと思い、誰もいないときを見計らって誘ってみると、すんなり挑戦してできるようになったそうです。ベテランの保育者は、「自分はてっきり怖いからだと思い込んでいて、本当に思い込みって怖いなぁ」と話していました。

　子ども理解は、どんなにベテランになっても保育者にとって終わりなき課題ですが、その出発点として、理解とは自己解釈であるということを心に留めてほしいと思います。

Column　シュッツによる「他者理解」

　オーストリア出身で、その後アメリカに渡った哲学者、社会学者であるアルフレッド・シュッツ（Alfred Schütz：1899-1959）は、現象学的社会学の提唱者です。現象学的社会学とは、ドイツの社会学者、政治学者、経済学者であるマックス・ウェーバー（Max Weber：1864-1920）の提唱した社会学の一つである理解社会学と、オーストリアの哲学者、数学者であるエトムント・フッサール（Edmund Husserl：1859-1938）の現象学を統合したものです。

　シュッツは、人が他者に対して自然に行う「理解」に焦点を当てました。彼は、「理解とは自己解釈である」とし、その主体の思考作用について、他者との相互作用関係と間接的社会関係から考察しています。他者を理解するということは、他者が表示する出来事から目的動機（〜ため）や理由動機（〜だから）を読み取ることであり、彼はそれを「純粋の他者理解」と呼んでいます。目的動機は、行為者が行為にどのような意味を与えているのかを問うことによってはじめて明らかになり、理由動機については、行為者が行為に対してもっていた態度を再構成することによって近づくことができると述べています。

　シュッツが明らかにした人が人を理解する方法は、「エスノメソドロジー」（日常が構成されるメカニズムを考察する社会学方法の一つ）や文化人類学（文化の個別性や普遍性を追求し、人間の生活様式全体の具体的な在り方を研究する人類学の一分野）に大きな影響を与えました。子ども理解をとても重要な課題とする保育においても、シュッツの理解論は、とても示唆に富むものだと思います。

（2）保育を理解する＝保育の類型化

　シュッツは、「理解とは、意味に相関するものであり、あらゆる理解は意味を持つものに向けられており、理解されるもののみが有意味である」と述べています[2]。つまり、保育という場で保育者が理解しようとすることや理解することは、保育者（または保育者が身を置く保育）にとって意味のあることだといえます。

　たとえば、泣いている子どもを抱っこすることは、保育にとって意味のあることです。

　なぜなら、子どもの情緒の安定を図るのが保育者だからです。そして、そのために抱っこするという行為がふさわしい行為の一つだと保育者は知っています。そこに、共感が自然に加わると、子どもの安心は増すでしょう。

　泣いている子どもを抱っこするという方法は、どの人もすぐに思いつく方法でしょう。それは、小さい頃、お母さんや信頼できる人に抱っこしてもらった経験からかもしれませんし、たくさんの場面で大人が子どもにそうしているのを見ているからかもしれません。その他の過去の経験もあるでしょう。これまでの生活経験における解釈枠を用い、「泣いている子どもを抱っこする」すなわち、「～ならば、～する」という形で、私たちはその場面を類型化して見ているのです。

　このような類型化が、さしあたり不都合のない、合理的な動きを生んでいきます。「～ならば、～する」「～ならば、～である」という保育の類型化、たとえば「10 時 40 分になったら片づけをはじめる」「子どもが噛みつきそうになったら止める」など、保育を営むために必要な情報を類型化することで、私たちは毎日を過ごせています。これが、保育を理解していくということでしょう。

　この類型化は、保育という場に身を置くことで進んでいきます。先ほどの「泣いている子どもを抱っこする」ことで考えてみましょう。保育者はまず、目の前で繰り広げられているさまざまな状況から、優先して泣いている子どもを取り出します。それは、子どもの情緒の安定を図ることが、保育としての優先事項だからです。つまり、保育者が目に留める、関心をもつということには、保育としての価値が含まれています。

　泣いている出来事を見出した保育者は、そこで子どもの気持ちを落ち着かせるために抱っこしようとします。さて、ここで保育の類型化が進むと、さまざまなことがわかってきます。まず、抱っこできる子どもとできない子どもがいることを知るでしょう。抱っこされることで安心する子どももいれば、家族以外の人には触られたくないタイプの子どももいます。触覚過敏の子どももいるでしょう。泣いている子どもを抱っこするにも、条件があるのです。そこで保育者は、抱っこする以外の方法で、子どもの安心を導く援助を会得していきます。それは、好きな遊びを通して、その子どもとつながっていく方法です。たとえば、保育者を拒否して、園庭の真ん中で母親を求めて泣いている子どもがいたとしましょう。その子どもが、ひもで引っ張る犬のおもちゃを好きだと知ったら、それをもって行き、一緒にお散歩をはじめてみます。そこで虫や雲やいろいろな発見を楽しんでいるうちに、その子どもに笑顔が生まれることもあるでしょう。そうして、抱っこを拒否する子どもには、好きなものやことからつながっていこうとする新たな保育の類型化が生まれます。そうすると、好きなものやことは何か、その子どもの視線や表情を探っていく行動が保育者に生まれるでしょう。

　今の例は、子どものタイプから考えてみましたが、今度は時間的な広がりから考えてみ

たいと思います。実際の場面では、「泣いている子どもを抱っこする」ことは、一時的な解決に過ぎません。下ろしたら、またすぐ泣き出すことも十分あり得ます。次は、子どもが自分の時間を過ごせるようにしていかなければなりません。それは、気分転換であったり、好きなことに夢中になることであったり、嫌な気持ちを解決に導くことであったりするでしょう。また、「その子ども」にフォーカスを当てたとき、「泣かなくてすむ強さを身につけてほしい」と願いをもち、それを目指す道のりの中で、あえて抱っこしないという選択をすることもあるかもしれません。「泣いている子どもを抱っこする」という、保育者として自然で当たり前に思える援助の中味は一様でなく、それ自体は、また別の理解と援助へとつながり、広がっています。

　学生のみなさんが、実習で慣れない保育に入ってよく困っているのは、「どこまで手伝ってよいのかわからない」「誘われるままに遊んでいて、他の子どもと遊ぶことができない」「断り方が、わからない」というものです。子どもをしっかり受け止めたい、その心を傷つけたくないという気持ちと、保育者としての役割を果たしたいという葛藤からの悩みでしょう。「手伝って」という子どもについての情報もなければ、この年齢の子どもが何をどこまでできるのか、園としてどのようなかかわりを大事にしているのか、「誘われて動く」以上の保育者の動きとはどのようなものか、あらゆる点で類型化できる情報も知識もないのですから、迷って当たり前ですし、迷えることがまずは出発点です。子どもも大人も、葛藤を乗り越えて成長します。葛藤の中には、保育者としてふさわしくありたいという目標があり、目標があるからこそ、今の自分との間で葛藤できるのです。

　やってみた結果に対する手応えや先輩保育者のアドバイス、学校や研修で学んだ知識や本人の試行錯誤を通して、それまでの類型的な知識では立ち行かない出来事を乗り越え、保育者の保育理解は進んでいきます。保育者は、保育者として、意味のある出来事に着目し、あるいは出来事から意味を見出し、その保育にとって妥当で、合理的な保育の類型化を進め、その園の保育者になっていくのだといえるでしょう。

（3）保育と子ども

　保育は、子どもの健やかな発達を助長するという目的をもっています。そして、その目的のために保育者が存在します。保育者は、その子どものよさや得意を伸ばし、さまざまな課題を乗り越える手助けをする役割を担い、そのために子どもを理解していきます。

　実習のときのように、とりあえず誘われて動く以上の世界に入っていくと、また新たな葛藤を経験するでしょう。保育のむずかしさは、大人と子どもが異文化を生きているところにあります。子どもの世界とは、どのようなものでしょうか。はさみで物が切れることに驚ける世界であり、物や生き物とお話ができそうな世界です。かけ算や割り算はわかりませんし、二字熟語の意味もわかりません。階段を自分で下りられるようになって、ヒーローになったような気分にもなれます。私たちがすでにその出来事では感じられない感動を、子どもたちは、日々感じることができるのです。それは逆に、私たちはもう感じることのない、もどかしさ、つらさ、苦しさを経験しているともいえます。はさみで物が切れ

なかったり、初めて見るミミズに恐怖を感じたり、お片づけといわれて何をしてよいかわからず困ったりしているのです。簡単にいえば、大人の経験知と頭脳と身体感覚で見ている世界と、子どもの認知と身体感覚で見ている世界は異なるのです。物の見方、感じ方が違う存在を理解することは、簡単ではありません。実のところ、子どもの立場に立つということはとてもむずかしいことなのですが、喜怒哀楽は共有できますし、わかります。はさみで物が切れないつらさへの共感や子どもの心が動く喜びや悲しみの表情を感じ、それをわかろうとする心が、子ども理解の道しるべになっていきます。

　保育は、子どもの発達を促すためにさまざまな働きかけをすることが大切なので、そのような目的をもって子どもと接します。そして、その働きかけの効果を見定めていきます。つまり、基本的に保育者は子どもを評価して動いています。これは、"先生"と呼ばれる職業の宿命でしょう。この評価し、評価されるという保育者と子どもの関係は、よく行き詰まります。それが高まるのは、保育者の予測や期待よりも援助の効果が表れないときです。「何度いったらわかるの」といってしまいたい気持ちにもなるでしょう。「何度いって

もわからない」という状態は、先ほど述べたような子どもの見方、感じ方に沿っていない
からなのですが、保育者自身の不安が高まるとなかなか気づけないものです。

　また子どものほうも、自分を評価する人としてばかり保育者を見ていると、自分を表す
ことがむずかしくなります。しかし、保育の目的は一人一人の子どもの生きる力、すなわ
ち自己発揮を支えることなので、子どもが自分を表せないようになってしまっては、目的
が叶わないのです。

　学校のように、授業と休み
時間がはっきりと分かれてい
て、フォーマルとインフォーマ
ルの区別がはっきりしているわ
けではありません。子どものイ
ンフォーマルな世界にこそ学び
を見出そうとするのが保育です。
したがって、保育者は、さまざ
まな働きかけによって成長を促
す存在であると同時に、異文化
である子どもの世界を共に過ご
せる人にもならなければなりません。そのためには、よさを見つけるとか、課題を探すと
か、何かを会得させたり経験させたりといった「つもり」を脇に置いて、ただ遊び手とし
て子どもにかかわるということも、とても大切です。子どもと保育者が、シンプルに興
味・関心、喜び、楽しさを共有する世界、鬼ごっこでも、お散歩でも、泥団子づくりでも
よいでしょう。もっといえば、そこで保育者が子どもにとって魅力的で、真似したいと思
える存在になれれば、保育者と子どもは生き生きとした時間を共にすることができ、結果
として子どもが能動的に生きる力を育むことになるのです。

（4）妥当性をもつ理解

　先ほども述べたように、異文化を生きている子どもを理解することは、そんなに簡単な
ことではありません。ましてや、同時に 20 人以上いるのです。私たちは、どのようにし
て妥当性をもつ子ども理解を手に入れていけばよいのでしょうか。例をあげて、考えてみ
ます。ある子ども（Aちゃん）が、砂場で遊んでいる友達の様子をじっと見ているという
姿に出会ったとしましょう。私たちは、目に見えるAちゃんの様子から、「砂場」を見て
いることがわかります。そして、それは「砂場で遊ぶ友達のことを見ている」と解釈しま
す。さらに、それは、Aちゃんが「仲間に入りたいからではないか」と推測します。他者

の外側に現れている表示から、その背後にある意味連関を読もうとすることをシュッツは「純粋の他者理解」と呼び、これこそが唯一厳密な意味の他者理解であるといいます[3]。確かに私たちは、子どもの外側の行動から、「あれをしたいのだろうな」「こう思っているのだろうな」と解釈しない限り援助を生み出すことができません。「砂場を見ている」というだけの解釈からは、何も生まれないのです。

　さて、Ａちゃんが、「砂場で友達が遊んでいる様子をじっと見ている」という理解から、それは「仲間に入りたいからだ」と推測することが、その子どもの理解として妥当性をもつためには、何が必要でしょうか。それは、その解釈に至る文脈性をもつ情報です。たとえば、視線の先にいる友達は、最近仲良しになったＢちゃんであるとか、昨日も、同じ型抜きをして遊んでいた、ということなどです。

　ある出来事やその子どもに対する理解を取り巻く情報が厚ければ厚いほど、理解は妥当性をもちます。成育歴や家庭の状況なども、子どもの様子の背景にはあるでしょう。

　したがって保育者は、妥当性をもつ理解を手に入れるために、さまざまな情報を手に入れていくと同時に、対象に関心を寄せ続けていくことが大切です。保育者は、一度にたくさんの子どもを相手にしています。何分も、何十分もＡちゃんの行動だけを見続ける余裕は、まずありません。だからこそ、Ａちゃんに関心を寄せ続け、そのときの点の理解を線としてつなぎ、線となった理解を面にして広げ、理解を進めていきます。これが、保育における子ども理解の特質です。

　ある理解を導くために多くの情報をもっていること、多くの情報から理解が導かれること、これが理解の妥当性を高めていきます。

2　子ども理解の2つの方法

　子どもを理解するためには、大きく分けて2つの方法があります。1つは直接的なかかわりを通して得る理解であり、もう1つは観察を通して得る理解です。保育者として、この2つの理解の方法をスキルとしてもつことが、その専門性を高めます。具体的に見ていきましょう。

（1）かかわりを通して得る理解

　かかわりを通して得る理解では、たとえば、保育者が子どもにある投げかけをしたとして、保育者はその投げかけによる子どもの反応を読み取ろうとします。一方、投げかけられた子どもは、保育者が自分に向いていることを感じながら、その内容を受けて反応を返すと共に、自分のその反応に対して、保育者がどう反応するのか見ています。保育者は、保育者がどういう反応を返すだろうと見ている子どもに反応を返します。このようにして、この出来事は「われわれの」出来事として経験され、その中で、保育者の子ども理解が立ち上がってきます。事例を見てみましょう。

先生の言葉にほっとする（2歳児クラス）

　昼食の時間、そわそわして自分で食べられなくなったTくんを手伝ったときのことです。保育者がスプーンでもっていくと食べていたのですが、次第に、顔を背けはじめます。用事で登園が遅かったこともあり、疲れているのか、お菓子でも食べたのか、いつもは全部食べる彼とは違う様子を保育者は感じます。「もっとがんばって食べよう」という信号を送る保育者に対し、Tくんは、「もう食べたくない」と思ったのでしょう。席を立って、保育室の外に出てしまいました。

　保育者は、自分の投げかけにさらなる拒否を示した彼の姿を受け、「今日は、もう、いいかな」と思います。無理に食べさせることはできません。そこで、Tくんのそばに行きます。Tくんは、食事中に外に出てしまった自分に向かってくる保育者が、何をいうのか、どうするのか、読み取ろうとしたでしょう。保育者が、「Tくん、もういいよ。終わりにしてお片づけにしよう」というと、ほっとした表情を浮かべて保育者と一緒に席に戻り、片づけをはじめました。保育者は、彼のほっとした表情と片づけの声に素直な姿を見て、終わりにしてよかったと思いましたし、とても真面目な子どもなんだなと感想をもちました。

お互いが、相手の意図や気持ちを読み合いながら出来事が進んでいくこの対面関係の中で、理由動機（疲れたのか、お菓子を食べたのか）を推察しながら、Ｔくんに対する理解が進んでいきます。最後、「もう、昼食には気持ちが乗らず、遊びたいのだろう」と目的動機（逃げて遊びたい）を読んでいましたが、違っていました。彼の浮かべたほっとした表情が印象的で、本当に、食べるのが嫌だっただけで、片づけはするものだとわかっていて、ちゃんとしようとする彼の真面目さが心に残りました。

このような直接的なかかわりの中では、自分の投げかけが相手に通じるのか、通じないのかを直接見ることができ、自分

の行為による相手の反応を通して、その子どもを理解することができます。そして、このような保育者と子どもの対面関係には、質の異なるさまざまな場面があります。たとえば、保育者が、少しねらいを脇に置いて、ただ遊び手として子どもとかかわる場合です。そんなとき、「こんな屈託のない笑顔があるのだ」とか、「こんなに思いつきを出して遊ぶのだ」など、感動と共にその子どもらしさを感じることがよくできます。

また、事例のように、お互いの意図のぶつかり合いで、その気持ちや行動の意味がわかることもあります。まるでおまわりさんの事情聴取のように、子どもと対話しながらトラブルの原因を探ることもあるでしょう。

基本的に、保育者はいつも子どもにかかわって何かしらの対応をしていますので、保育者の子ども理解は、ほぼかかわりによる理解だといえます。

（２）観察を通して得る理解

観察を通して得る理解とは、ある子どものしていることや、子ども同士のやりとりを、直接かかわらないところから見て得るものです。ここでは、保育者の投げかけに対する子どもの反応から理解を進めるのではなく、子どものしていることを第三者的な立場から見て理解していきます。事例を見てみましょう。

 事例❷

Ｍくんの強みと育ち（4歳児クラス）

保護者との面談のため、Ｍくんの育ちについて、クラスでの様子を見に行くことにしました。クラスでは、お化けごっこが流行っているようです。Ｍくんは、一人でお化け屋敷を

中型積み木でつくりはじめました。あらかた形ができると、ストックしてあったお化けの絵を貼り、それから製作コーナーでお化けの絵を描きはじめました。描き終わると、それを切り取ろうとしています。ところが、お化けの頭のところを切りすぎてしまいました。Mくんは、それをじっと見つめ、くしゃっと丸めて、ゴミ箱に捨て、もう一度新しい紙を出して、お化けを描きはじめました。保育者は、この姿に驚きます。今までのMくんであれば、このような失敗をするとそれがつらくて、動けなくなり、ポロポロと涙を流して黙っていることが多かったからです。彼は、また上手にお化けを描いて、それを切りはじめます。しかし、先ほどと同じように、頭の曲線の部分がうまく切れず、また頭が切れてしまいました。彼の動きが止まり、それから顔をしかめてくしゃっとその紙を丸め、捨てようとしました。

　ここで、保育者はいったん観察を中断し、その丸めたお化けのシワを伸ばし、切るところの角度に合わせてもち、「やってみて」と促しました。それで、形に切り取ったあと、切れた部分をテープで貼るように促しました。彼は、「何とかなった」と思ったようです。うれしそうにそのお化けを、お化け屋敷に貼りに行きました。その間に、保育者は、お化けの形だけを、5枚ほど、即興で切り取っておきました。そして、また観察をはじめます。

　お化けを貼ったMくんがまた製作コーナーに帰ってきました。そこで、ふと、お化けの形を見つけました。彼は、すぐにそれを手に取り、次々に顔を描いて、5枚のお化けをつくり、また、それをお化け屋敷に飾りました。友達がやってきて、仲間に入りましたが、やりとりは少なく、自分の思いのままに動いている様子でした。

　この観察を通して、Mくんについてわかったことが3つありました。まず、じっくりと自分のイメージをもって、遊ぶ力があるということです。およそ40分以上、彼は一人でお化け屋敷づくりに取り組んでいました。この粘り強さは、彼の強みでしょう。そして、本当に泣き虫さんだったのですが、1度の失敗にあっても、めげずにやり直す彼の姿を見て、「強くなったな」とその育ちを見ることができました。ですが、2度目の失敗で浮かんだつらそうな表情を見て、思わず手助けをしてしまいました。そのあとで、ふと思いついて、切り取った紙の余った部分を使ってお化けの形だけを置いてみました。すると、すぐに手に取って使う姿があります。これによって、置いてみた環境に、彼がどう主体的にかかわるのかを見ることができました。これは、彼のニーズに合っていたようです。

　そして一連の彼の遊ぶ様子を見て、友達とのかかわりよりも物とのかかわりを好むようだということもわかりました。友達とのかかわりが薄い分、気持ちを相手に伝えることが苦手な面があり、まだ黙って困っていることのほうが多いようです。改めて、彼のもつ課題も感じることができました。

　観察による理解では、子どもの表情、言動から、物事に（主体的に）かかわる姿を客観的にとらえることができます。保育者の投げかけに子どもが応える、あるいは、子どもの投げかけに保育者が応えるというような対面関係であったならば、Mくんが、失敗を自

ら乗り越えようとする姿を見ることはできなかったでしょう。また、投げかけた環境（お化けの形をした紙）に、彼がどのような反応を示すかも見ることはできなかったと思います。

　保育は、環境を通して行うことを特質としていますので、保育者の直接的な影響力のないところで、子どもたちがどんなふうに環境とかかわるのかを理解することはとても大切なことです。観察による理解は、保育者の専門性に深くかかわる理解の仕方だということができるでしょう。

　このスキルの獲得には、まず、関心をもつことが大切です。事例では、Mくんの遊びの様子を見ることが目的でした。みなさんが、もし担任の保育者になったら、ままごとの遊びの展開が気になったり、あるグループの人間関係が気になったり、子どものことについて担任として気になることはたくさん出てくるでしょう。その関心が、保育者の観察の目を導きます。

　もう1つは、目の前の子どもの対応をしながら、その関心をもち続けて、観察の目を働かせることです。つまり、ある遊びにかかわりながら、別の遊びや子どもの様子にも気を配り続けるということです。最初は、なかなかむずかしいかもしれません。熟練と共にできるようになると思いますが、何より、子どもの様子を気にすること、関心をもち続けることが、この観察の目を鍛えていくことになります。子どもがわかるとうれしいし、感動もあります。

　かかわりの目と観察の目で多くの意味連関を手に入れ、より妥当性をもつ子ども理解に努めることが、保育者として、とても大切なことだといえるでしょう。

Exercise
演習課題

以下の例を参考に、身近な人を「かかわりの目」と「観察の目」から記録し、考察してみましょう。

「かかわりの目」　人とのかかわりの記録から、その相手に対してどのような理解が深まったか考察してみましょう。

記録例　「料理のリクエスト」

　夕食の時間、弟と料理の話になった。最近、彼はとても料理が上手になっている。私が、「いろんなおつまみをたくさん食べたい」というと、自慢げに本を3冊も出してきて、「食べたいものいってよ」といってくれた。その表情は、やる気に満ちている。私はうれしくなって、その料理本を読みはじめ、弟も読みはじめた。「弟は、どんな料理ならできるのだろう」と考えていると、いろいろと迷った。「これは？」と麻婆豆腐を指すと「う～ん」とあまり前向きな様子ではない。ちょっと、むずかしいだろうか。そこで、「これは？」とチンジャオロースを指すと、「あんまり好きじゃない」といった。「じゃあ、何ならできそう？」と聞くと、「よし、やってみるよ」といい、麻婆豆腐の材料をメモし、買い物に出かけて行った。

考　察

　これまでであったら、私の意向を聞きながら、結局自分で決めてしまうところがあったのに、この日は、リクエストに応えて、やってみようという気になっていたので驚いた。料理への意欲もさることながら、弟の成長を感じた。

「観察の目」　客観的に相手を観察した記録から、その相手に対してどのような理解が深まったのか考察してみましょう。

記録例　「段取り力」

　弟が、台所で料理をしていた。冷やし中華を3人分つくる予定だ。2袋は種類が同じだが、1袋は違う種類のものだった。最初、3袋同時に湯がこうとしていたが、麺の種類が違うのでさすがに無理かと思ったらしく、まず、1種類目用のお湯を沸かしはじめた。その間に、きゅうりを千切りする。ゆで豚とキムチは、すでに用意してあった。1種類目の麺をゆで、そして、具と一緒に2つの皿に盛る。それから、また、お湯を沸かしはじめた。沸いてから、2種類目の麺をゆで、盛り付けする。その間、1種類目のお皿の前で、私たちは、ずっと待つことになった。

考　察

　お湯を沸かしているうちに、キュウリの千切りなどをしていて、料理に慣れてきたのだなと思った。また、その他の材料も最初に用意している。ここで、2種類目のお湯も同時に沸かして、麺をゆでることができたら、少し忙しかったかもしれないが、ほぼ同時にみんなで食べられたのにと思った。次はできるのかもしれないので、そんなときに声をかけようと思う。つくってもらえて、うれしかった。

32

第2章

日々の保育を営む 子ども理解と援助

　この章では、保育者の多元的で多岐的な子ども理解の実際について、生活を営むこと、遊びや一斉保育を展開することから考えていきます。保育者は、それぞれの活動を円滑に進め、その学びを確かなものにしていくために、たくさんの視点で子ども理解を行います。その具体的内容について学んでいきましょう。

1　養護と教育の一体的展開

　核家族化が進み、地域の人々とのかかわりも少なくなり、個人の自由が広がった代わりに、子育てのモデルや参考となる状況性を生活から失ってしまったのが現代です。それに伴って、子ども（幼児）が地域の遊び集団に参加することがむずかしくなり、子どものさまざまな面での経験不足が目立つようになりました。子どももまた、生活の中での豊かな体験やかかわりのモデルを失っています。

　したがって、園は現代の子育てにかかわる、とても重要な場所となりました。また、両親が長時間労働する家庭にとって、園は、親に代わって子どもを養育する場であり、私たちは専門家として子育てに責任を負っています。

　その専門性を示すのが、「養護」と「教育」の一体的展開です。「養護」とは「子どもの生命の保持及び情緒の安定を図るために保育士等が行う援助や関わり」であり、「教育」とは、「子どもが健やかに成長し、その活動がより豊かに展開されるための発達の援助」であると、保育所保育指針では定義されています。「養護」は生きる基盤を指し示す概念であり、「教育」は、自立に向かう方向性を指し示す概念です。

　保育には、これら「養護」だけの場面や「教育」だけの場面があるわけではありません。子どもの生命の保持と情緒の安定を常に図りながら、子どもが自分でやってみようとする世界を広げ、一人一人の自立に向かうタイミングを逃さないことが、保育です。泣いている子どもを抱っこして温かく見守ることはとても大切なことです。だからといって、それがいつでもすべて正しいわけではありません。物とかかわる楽しさ、挑戦する意欲など自立に向かうタイミングを逃している場合もあります。逆に、子どものそのときの状態を鑑みず、「すべきこと」を優先させてしまうと、一見成長や発達を促しているようであっても、情緒の安定は図られていません。それは、本人の学ぶ意欲にかかわります。心身が未分化な子どもにとって、不安や意欲の低下は、幼ければ幼いほど、生命の保持にかかわる問題につながっていきます。

　養護と教育の一体的展開は、子どもの意欲の流れに沿うことからはじまります。たとえば、食事の場面を考えてみましょう。生命を保持するためには、ある一定の食事量を取る必要があります。そこで、「配膳した量をすべて食べる」ことを価値として、「嫌いなものでも無理矢理食べさせる」という方法を取る保育が実際にあります。しかしこれでは、情緒の安定を図れなくなってしまいます。情緒の安定を図りながら、生命を保持していくた

めには、保育者はその子どもに合った食事量を知るということが大事になります。それと同時に、どんな働きかけや言葉がけが、その子どもの食べる意欲を高めるのかということを知ることも大事になります。さらに、その子どもの食べる意欲を高めながら、「自分で食べる」という成長と発達を促していかなければなりません。この鍵を握るのが、保育者の子ども理解と援助になるわけですが、それを左右する保育観と経験知、保育技能が一様ではないところに、良くも悪くも保育の多様性があるといえます。

　子どもは「やってみよう」と思わなければ、その身体を動かしません。養護と教育の一体的展開は、子どもが意欲的になれる環境を整え、その意欲の流れに沿いながら、タイミングを逃さず、さまざまな課題を乗り越える手助けをすることです。これは、保育のあらゆる場面に通底しています。

　本章では、保育を次の3つの局面から考えていきたいと思います。1つ目はクラス全体を動かして生活を営むこと、2つ目は遊びを通して活動を展開すること、そして3つ目は一斉保育を通して活動を展開することです。以下では、それぞれの局面における子ども理解と援助について、考えていきましょう。

Column 「何もしない」という援助

　新学期がはじまり、慣れない環境になじむまでの間、子どもたちにとって、朝の保護者とのお別れの時間は、心が大きく揺れる葛藤の時間です。もっとも安心できる家庭から、社会への一歩を踏み出すのは、簡単なことではないでしょう。

　保育者は、その不安を受け止めつつ、子どもが自ら動き出すことを支えなければなりません。そこに抱っこやおんぶは、大変な威力を発揮します。包まれること、守られることで、安心するのでしょう。私はこの道、30年で遅かりし悟りかもしれませんが、感覚的に「何もしない」ということが、とてもよいと思うようになりました。以前は、抱っこしながら、その子どもの興味・関心を必死で探っていた気がします。最近は、とりあえず「どっこいしょ」と自分も座ってひざに座らせます。すると、片足に1人、もう片足に1人、右に1人、左に1人、背中に1人と、子どもたちが身を寄せてきて、私は1本の宿り木と化します。

　そうして、しばし時間を過ごすと、なぜか子どもたちはパラパラとしたいことを見つけて離れていくのです。それで、私も用事を思い出して、「あ、落ち葉を掃かなきゃ」などとつぶやくと、もう少し一緒にいたい子どもがついてきて、お手伝いをはじめたりします。「養護」を無心ですると、自然に「教育」の世界に羽ばたくらしいということがわかってきた今日このごろです。

2 クラス全体を動かして生活を営む

（1）快適さをつくる保育者

　保育は、集団生活の場です。思いきり遊んだあとは、片づけをしなければなりませんし、お昼ご飯も食べなければなりません。どこかの時間帯ではクラス全体で絵本の読み語りをしたり、歌を歌ったりするでしょう。登園から降園まで、生活の流れに沿って、保育者はクラス全体を動かしていきます。

　生活の流れにおける「快適さ」は、安定したルーティンがつくります。たとえば、昼食を取る時間が11時30分だったり、12時30分だったり、毎日ころころと変わっていては、子どもたちはいつまでも生活の見通しを立てることができませんし、自ら動くこともできなくなってしまいます。したがって保育者は、安定した生活の流れに従って、20人以上の子どもたちの気持ちを片づけや着替え、昼食の準備やお集まりなど、ある一点に向けていくことになります。

　また、それぞれの事柄が、ある一定時間で終わっていくことも大切です。だらだらと着替えの時間や昼食の準備に時間がかかっていたら、メリハリのついたわかりやすい生活の流れができないからです。そのためには、しなければならないことに子どもの気持ちを向けて、早い子どもと遅い子ども、できる子どもとできない子どもの差をできるだけ埋めていかなければなりません。トラブルに時間をかけすぎて、できた子どもが遊びはじめ、できていない子どもも遊びはじめ、何が何だかわからなくなることもよくあります。保育者は20人以上の動き回る子どもを相手に、同時多発的に多くの出来事が起こっている複合的状況性を視野に入れ、すばやく判断して優先順位を立て、動いていく必要があるのです。その保育者の行動を支えるのが、子ども理解です。

　以下では、生活の流れを快適につくっていく保育者の子ども理解と援助について、遊びから片づけに移行する場面を例にして考えてみましょう。

① 片づけに向かって戦略を立てる

　先ほども述べたように、予定の時間に子どもたちを片づけの気持ちへと導き、それを一定時間で終わらせることが大切です。パラパラと子どもたちの意識がそこかしこで浮遊し続け、いつ終わるのかわからないような状態では、快適な生活リズムをつくっていくこと

ができません。そこで保育者は、片づけるよう言葉をかけながら、次のような視点で子ど
もを理解していきます。

・誰が、どこで、何をして遊んでいたか
・散らかり具合
・どこから手をつけるか

そしてこれらの情報から、保育者は、片づけの戦略を立てていきます。たとえば、写真
のような状況性があったとして、みなさんなら何からどのように片づけていきますか。

　これは保育スキルの話になりますが、片づけの動きは、出したものを所定の位置に戻す
という繰り返し行動で成り立っています。その繰り返しが身体運動としての心地よさや集
中の持続を生み、片づけのスムーズさを生みます。そのリズムをつくり出すのが、保育者
の役割です。積み木を元の位置に戻す繰り返しのリズム、さまざまなままごと道具を棚に
戻していくリズム、布を一緒にたたんでいくリズム、そうしたリズムの同調が、片づけと
いう状況性を生んでいきます。その意味で、優先順位として、大きなものや片づけ先がわ
かりやすいものの反復移動からはじめることは、理にかなっているでしょう。保育者が、
その反復のリズムを楽しくつくっていけばいくほど、片づけはスムーズで楽しいものにな
ります。
　「片づけ＝めんどくさいもの、逃げたいもの」としてとらえ、外れていく子どもに対し
て「みんなもしているんだから」と注意しがちですが、実際の行動は子どもがおもしろさ
を感じやすい動きの繰り返しです。競争したり、ゲームにしたりして、同調のリズムをつ
くっていくとよいでしょう。

　そうして、すべての場が同時進行で動いていかなければ、自分たちのクラスをきれいにしているという片づけの気持ちが共有できませんし、実際のところ、とても非効率です。そこで保育者は、子どもたちが片づけに向かう意識の状態に目を向け、片づけを進めていきます。

② 全体の意識を方向づける

　遊び空間であった保育室を片づけ空間へと変えていくためには、場の分析と同時に、子どもたちの意識を片づけへと方向づけていかなければなりません。生活が進んでいく快適さを子どもたちが感じるためには、そのとき何をするのかがわかり、そのために、自分が何をすべきかが具体的にわかることです。そのためには、今が片づけの時間であることがわかっているのか、いないのか、片づけるための具体的行動がわかっているのか、いないのか、誰が片づけの気持ちになっていて、誰がその気持ちになっていないか、理解していかなければなりません。

　そして、片づけの気持ちになっている子どもたちを盛り上げることでその方向性へと他の子どもたちを巻き込みつつ、片づけに気持ちが向いていない子どもの原因を探りながら個別対応していきます。おおよそ、保育者の子ども理解と援助は、以下のような手順になるでしょう。

> ● 誰が、どこで、何をしているのか、状況判断している（現在完了形）
> ● 全体の心が向きやすい動きから考えて、優先順位と見通しを立てる
> ● 全体への周知を図り、望ましい方向へ子どもの意識を盛り上げていく
> 　例）・響く声で、全体に目的を知らせる
> 　　　・モデル的な動きをする
> 　　　・次の活動を知らせてやる気を支える
> 　　　・目で見て聞いてわかる具体的な指示を出す（「片づけよう」ではなく、「おもちゃの食べ物を、このカゴの中に入れて片づけよう」など）
> 　　　・よい動きに着目して、言葉にする（「Aちゃん、絵本をきれいに片づけてるね」「Bくん、ゴミいっぱい見つけてるね。目がいいなぁ」など）
> ● 片づけに気持ちが向いていない子ども、困っている子どもへの個別対応

（2）生活の流れをつくる保育者

　片づけ場面の保育者の動きは、どの生活場面にも通じることです。快適で、安定した生活の流れをつくるための保育者の子ども理解と援助について、考えてみます。

　まず、予定として一日の流れを頭に入れておく必要があるでしょう。経験が浅ければ浅

いほど、それを記したメモは必要です。この予定の背景には、「何にどれくらいの時間がかかるのか」というクラス全体の発達の理解とそのクラス集団の傾向性についての理解があります。また、配慮を要する子どもについての個別理解もかかわります。学生のみなさんには、これらの子ども理解が条件としてもむずかしいので、予定を立てること自体がむずかしいでしょう。だからこそ、観察実習は大きな意味をもちますし、わからないことは、どんどん担当の保育者に聞くとよいと思います。

　予定を立てたら、それに従って、片づけ場面で見たように移行前の現状を分析し、何から手を入れていくのか見通しを立てます。このとき、子どもに予告することもとても大切です。次に向かって、心構えができるからです。そして、見通しをもった優先順位に従って動きながら、よい姿をまわりに知らせ、子どもたちの気持ちの切り替えを導きます。そうして、全体の意識を目的に方向づけながら、個別対応をしていきます。個別対応は、日頃の子ども理解がものをいいます。あとでじっくりかかわるのか、先にすべきことを一緒に済ませるのかは、そのときの判断になる場合もありますが、対応の仕方も含め、あらかじめ見通しを立てておくことが大切です。

　生活場面は、一つのことが終わったらそれでおしまいというわけではなく、次の出来事が待っています。片づけが終わったら、手洗いやうがい、排せつ、着替えがあり、着替えが終わったら、昼食の準備があり、それらがスムーズに流れていくことが快適さをつくります。保育者は、早い子どもの動きと遅い子どもの動きを同時に視野に入れて、早い子どもには、何をして待つのか、あるいは、次は何をするのか伝える必要がありますし、遅い子どもには、個別理解を通して気持ちへのアプローチや技能面での援助をしていく必要があります。

　快適で安定した生活の流れをつくるために、発達の理解、集団の理解、個別理解を駆使して、計画とその場の判断の間で、すばやく、合理的に動いていくのが、保育者の役割だといえるでしょう。

（3）全体を動かすスキルを伸ばすために今できること

　保育者として現場に入るまで、なかなか子どもと接する機会をもてない状況ではありますが、それでも、全体を動かす力を磨く手立てはあります。以下の2つの視点から、自分の生活を見てみてください。

● 複合的状況に身を置く
● 判断して身体を動かす

　保育者の専門性は、動き回る複数の子どもを同時進行で相手にすることですから、常に、自分のまわりは複合的状況にあります。同時多発的に、いろいろなことが起こっているのです。これまでみなさんが経験してきた学校の授業は、先生の話を聞くという単一的な状況であり、それが望ましいものです。このギャップは非常に大きいと思います。

　そこでお勧めしたいのは、料理、家事のスキル向上です。以前はしなければ生活が回らなかったことが、今では、ほぼせずに済むようになりました。家庭でのお手伝いの文化も薄れ、できる人のほうが、少数派でしょう。家電が充実していない時代は、子どもに手伝わせなければ、家事が回らず、生活の中で自ずとスキルは身につきました。今は、家電がいろいろやってくれますし、市販の惣菜も充実しているので、子どもに手伝わせると余計時間がかかる、待てない、待つ時間もないという時代に変わっています。そこに子ども側の「めんどくさい」という意欲のなさも加わって、みなさんの中には、ほぼ料理や家事のスキルをもたないまま育っている人もいるのではないでしょうか。

　特に、家族のために食卓を整える場合、一品では済みません。主菜、副菜、ご飯、汁物など、家族の健康を支えるための食事が大切です。イベントではなく、毎日の生活技能としてそれができるようになるためには、手際よく、それなりにおいしくつくり上げる必要があるでしょう。そうすると、同時進行で物事を進める技能が必要になってくるのです。野菜を切りながら、出汁を取りながら、肉を炒めながら、洗い物をしながら、短時間で、手際よく、きれいに、おいしく、ほぼ同時にでき上がるように、見通しをもって動きます。そして、不測の事態（あると思っていた材料がなかった、量が思ったより多かったなど）にも柔軟に対応していくのです。身体を動かすということは、何がしかの判断を自分でするということです。このことが、保育ではとても大切であり、家事も同じです。掃除、洗濯、炊事、一日を効率的に、合理的に送るためには、同時進行でいくつかのことができる計画力や見通し力、調整力、判断力が必要です。慣れてくると、次第にそれは当たり前のこととして身体化されていくでしょう。

　保育は、子どもと生活を送ることです。常に複合的に同時進行でさまざまな出来事が起こる保育場面で、保育者は優先順位を立て、立て続けに起きるさまざまな出来事に対応していきます。料理や家事は、自分で複合的状況をつくり出し、いったんはじめたら、最後までやるしかない活動です。その中で培われる力は、保育技能を手に入れていくとても大

きな助けとなるでしょう。その他、複合
的な状況をもつ（レストランなどの）アル
バイトやイベントの手伝い、何かを企画
運営してみることもよいでしょう。いざ、
現場に出て予想外の出来事が降ってくる
ことに負けないよう、日々、挑戦してみ
てください。

Column　3歳児と5歳児ではこうも違う

　実習生の片づけ場面指導で、子どもの発達差を示す象徴的な出来事がありました。

　6月、新年度がはじまって、3か月というところです。この年の実習生に共通していた姿は、声が小さいということでした。どの場面でもそうですが、クラス全体を動かすということは、全員の意識をそこに方向づけるということです。そのための有効な手段の一つが、大きな声で知らせるというものでしょう。ですから、小さい声でつぶやいても、子どもに周知徹底は図れません。ところが、5歳児のクラスでは、「あやめ組さん、お片づけの時間になりました。お片づけにしましょう」という小さめの声でいっただけで、子どもたちは自ら、普通に、それぞれの遊び場を片づけ、まだ終わっていないところを手伝い、お当番は、ぞうきんを絞りに行ったのでした。「5歳児だと、実習にならんな」というのが、筆者の感想でした。

　一方、3歳児クラスでは、同じように小さな声で「お片づけだよう」という言葉がけをしたときには、目の前に子どもがいないという状況でした。園庭に羽ばたいていく子どもたち。いつもと違う姿に、どうしてよいかわからず眺める実習生。お弁当を食べ終わったら、いつも友達と部屋でごっこ遊びを楽しむ子どもたちが、なぜ、園庭に羽ばたいていったのでしょう。それは、次々と食事を終えていく子どもたちの動きに合わせて、机を片づけていかなかったせいで、いつもの遊びの場をつくることができなかったからでした。そういうわけで、遊ぶ環境を求めて、お片づけになろうという時間に、1人が出たら、2人が出て、おもしろそうだから保育者の言葉がけなど耳に入らず、大勢が出て行ったのでした。

　5歳児は、習慣に沿って活動に見通しをもち、自分たちで動くことができるのに対し、3歳児は、目の前の状況が彼らの動きのベクトルを決めていくという非常にわかりやすい違いでした。自分で遊びの拠点をつくり出すことがむずかしい3歳児です。保育者の環境への働きかけが、いかに大事かを示す出来事でもありました。

3 遊びにおける子ども理解と援助

　次に、遊び場面における保育者の子ども理解と援助について、考えていきましょう。「遊び」は、子どもたちが園内の環境に主体的にかかわって行う自由な活動です。幼稚園教育要領には、幼児期の教育は環境を通して行うものであり、その中心的活動に遊びが位置づけられています。それは、子どもの発達が、環境との主体的なかかわりによって促されるものという考え方によります。したがって、保育者は子どもの心が動き、かかわりたくなる環境を構成することが仕事です。そして、その環境とかかわる子どもたちの動きに対して、何を選んでどう動くのかが、保育者の専門的援助であり、力量の試されるところです。まずは、環境の構成から考えていきましょう。

（1）遊びにおける環境の構成と子ども理解

　遊びの時間、子どもたちは、自分を取り巻く環境から刺激を受けて動き出します。その刺激とは、何でしょう。滑り台でしょうか、トランプでしょうか。園には、みなさんが動かせる環境と動かせない環境があります。固定遊具は動かせませんし、保育室の広さも変えることはできません。担任保育者の環境の構成は、「動かせるものの量と配置とタイミング」ということになります。

　ここでは、子どもの興味・関心に応じて、保育者が環境をアレンジする事例と、子どもの様子を見ながら願いを実現していく事例を取り上げます。

 子どもの興味・関心から場をつくっていく（預かり保育混合クラス）

　新しく購入したミニカーを、雨の日の朝、預かり保育の時間に出したときのことです。さっそく、子どもたちがそれぞれに気に入ったものを手にして走らせはじめました。ただ、空いているところを走らせるだけだったので、保育者が、積み木でトンネルをつくってみました。「ねらって、通す」という新たな刺激を加えるためです。

　ところが、子どもたちはすぐにその上を走らせはじめました。子どもたちにとっては、穴をねらって走らせることよりも、コースを走るということが楽しいようです。そこで、積み木の向きを変えて、積み木を長く伸ばしていけるようにしました。すぐに、子どもたちがミニカーを手で走らせにきます。そして、保育者と一緒に、コースを延ばしはじめまし

た。途中を坂にしたり、工夫しています。

　そのうち、コースの上を勢いよく手を放して走らせる子どもが出てきました。保育者が、それでは、ミニカーが落下して壊れるし、床も傷つくと注意し、それをするんだったら、コースの隣の床の空間でやるようにいいます。

　コース上では、手で走らせて車を動かすことを楽しむ子ども、横の床では、車を勢いよく走らせてどこまで行くかを楽しむ子どもと、楽しみ方と場所が分かれていきました。床では、勢いよく走らせては自分で取りに行く姿から、自然と友達と向かい合って走らせる姿へと変わっていきました。いちいち取りに行かなくて済みますし、受けて返すやりとりを楽しむこともできます。また、勢いよく走らせているうちに、コースの下にあったトンネルをくぐらせることを楽しむ子どもも出てきて、ミニカーを中心に、さまざまな楽しみ方をする場ができ上がっていきました。

　保育者の意図と、子どもの興味・関心がずれることはよくあります。子どもは、したいことにエネルギーを注ぎ、試行錯誤しますので、子どもの興味・関心を読み取った時点で、それが叶う環境の構成を考えます。そして、それで終わりではありません。刻一刻と子どもの動きも興味・関心の出方もメンバーも変わります。それを受け取って、さまざまな子どもの楽しみ方が実現できるよう、環境を整えていくのが保育者の役割だといえます。

　この事例では、ある遊具を視点にして保育者の子ども理解と援助を見てみました。次に、保育者が前日までの姿から課題をもち、その課題に向かって計画しながら環境を構成していく事例を見てみたいと思います。

泥んこの場の再生と水遊び（2・3歳児クラス）

　8月の暑い日のことでした。保育者は、園庭の子どもたちの遊ぶ様子から、次のような課題をもちます。

> ✓ **実態把握**
> 　藤棚下の泥んこ遊びの場が、最近、機能していない。子どもが寄りつかない状態が続いている。

　そこで、これはなぜなのだろうと、仮説を立てました。主な対象は、この場所をよく使って遊ぶ2歳児と3歳児です。

> ✓ **仮説**
> 　暑くて、湿度が高いせいか、粘土質の高い泥で、ベタベタになるのが、感覚的に嫌なのかもしれない。

しかし、保育者は次のような願いと戦略に基づいて、この藤棚下の泥んこ遊びの場を復活させたいと考えます。

 願い

泥んこになって、自分を汚せる子どもになってほしい。そもそも泥んこを苦手とする子どもが増えてきているので、場所が機能することは大切。汚れても洗えばきれいになるという、再生の感覚を実感してほしい。

 戦略

藤棚下は、囲われていながらまわりに開けている場所であり、ここを機能させることで、見る、見られる関係が深まり、子ども同士のつながりができやすい。

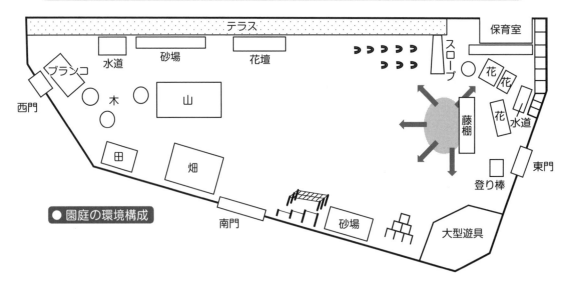

● 園庭の環境構成

そこで、保育者は、子どもたちにとって、以下のような環境の構成を通して、遊び場の再生をもくろみます。

 子どもが遊び出す前の環境の構成（午前７：30 の時点で）

・泥水につかっている藤の落ち葉を、きれいに除く（汚く見えるところでは、遊びたくない）
・固まっている土を掘り起こしながら、水がたまっているところとたまっていないところを分けて起伏をもたせる。島と海、陸と池のようなイメージ
・つくったものが際立つようにのせる、あるいは座るためのベンチを置く
・タライに入れた水（泥と水の調合を楽しむため）を準備する
・手に取りやすいところに、遊び道具（スコップ、バケツ、皿、型、船など）を置く
・藤棚の西側に大きなタライに入れた水（入って遊ぶ）を置く

環境の構成をしながら、保育者は次のような遊びのイメージをもっていました。

✓ **保育者がもっていた遊びのイメージ**
 ・いつもの泥のごちそうづくり
 ・タライからトイで、水流し
 ・水流しの先の水たまりとペタペタの土手づくり

　このとき保育者は、藤棚下の遊び場の再生について、特に、大きなタライでの水遊びとこの場所の泥とのドッキングをメインテーマとし、水と泥を存分に楽しむイメージをもっていました。そこには、前日までの子どもの遊ぶ姿が根拠としてあります。

　暑い夏、手軽に体温を下げるため、数日前から藤棚のそばに水を張った大きなタライを用意していました。子どもたちは、そこで輪になって足を浸したり、中に入ったりして水遊びを楽しみました。（その隣の泥んこの場との関連は、ありませんでした）保育者は、タライを用意するとうれしそうに集まる姿や、同じ動きを再現しようとする子どもたちの姿から、彼らは、「藤棚近くでのタライの水遊びにまつわる楽しさのイメージ」をしっかりもっている、と考えていました。また、前日には、タライからトイを渡して、水の流れを楽しむ動きも出ています。

　しかし、このタライの水を早くから出してしまうと、すぐにこの場所が水浸しになり、いつものごちそうづくりの遊びができなくなります。また、遊びがぱっと盛り上がって、子どもたち全員が登園してこないうちに終わってしまう可能性もあります。そうすると、この場所が廃墟となる時間が長くなってしまうことが考えられます。できれば、盛り上がりのままに、その後予定されているプールへとつなげ、意欲的な気持ちをつないでいきたいということと、静かに、いつものごちそうづくりがはじめられる環境も保障したいと考え、大きな動きを生むタライの水は、日が高くなって急に暑さが増す時間、9時過ぎ頃に出そうと考えました。

 　さて、意外なことが起こりました。登園してきた2歳児のYちゃんが、すぐに「ごはんつくる」といって、この場所に遊びにきたのです。続けて、Rちゃんもやってきました。ここ数日の動きとは違い、すぐにこの場所にやってきたことを見て、「きれいである」ことが何より大事だったのだと痛感しました。残った水たまりにつかってそのままになっている落ち葉や水たまりの残り方など、何となく触りたくないという環境になってしまっていたのです。

　ごちそうづくりをはじめたRちゃんが、ベンチのそばで泥をバケツにすくい、できたものをベンチに置いていたので、Yちゃんの分のベンチももってきました。環境の構成は、あらかじめイメージをもってするものと、そのときどきの見極めからするものがあります。

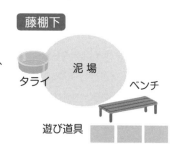

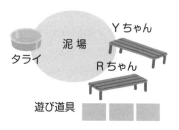

　2人は、同じお盆を手に取り、スコップで泥をすくってはペタペタと叩いて伸ばし、ピザづくりをはじめました。Yちゃんは、それをピザの形にカットし、また、1つにすることを楽しんでいます。ピザのイメージを受けて、保育者がトッピングになる葉っぱや花を見つけてきました。子どもの姿を受けて、よりピザのイメージを楽しむ環境の構成です。Hちゃんもやってきて、遊びが盛り上がってきました。そこへ、Kちゃんが登園してきました。友達のいる砂場にやってきます。そのタイミングとYちゃん、Rちゃん、Hちゃんが、ピザをもって、別の場所（大型遊具下の隠れ家）に連れ立って移動したタイミングが同じでした。Kちゃんは、3人の様子を見て、そしてもっているものを見ていました。保育者は「Kちゃんもつくる？」と言葉をかけ、遊び道具を探します。ところが、3人がもっているのと同じお盆がありませんでした。保育者は、「同じのがいいよね。ちょっと待っててね」といって、探してもってきました。すると、Kちゃんは、明らかにほっとした表情を浮かべて、それを受け取りました。そして、友達のことは忘れて、お盆の上にスコップで泥をのせ、その泥を伸ばしていく動きを楽しみはじめました。すっかり没頭しています。こんもりとのせた泥をスコップで伸ばすには、少し、水が足りないようでしたので、そばに水の入ったバケツを置きました。2歳児では、タライのところまで行って水をもってこようとは思わないからです。その意味で、環境の構成には、発達理解も大きくかかわっています。

🕘 **9:00**　9時過ぎ、暑くなってきました。先ほどの2歳児のみなさんは、泥遊びから大型遊具の坂で遊びはじめています。3歳児は、虫取りや砂場で遊んでいます。このタイミングで、タライを出すことにしました。まず、一つ、水を満杯に張ります。この時点で、トイを出すか出さないか、とても迷いました。出せば、すぐに流す動きが生まれるでしょう。すぐに、水を流す動きをはじめてよいものか、まず、タライに入ったたくさんの水と身体の出会いをこれまでのように楽しむことからはじめるか、迷ったのです。しかし、何事もやってみないとわかりません。遊びの様子を見て、タライを増やすことを視野に入れ、この日は、泥んこの中央へ水を流して遊ぶ動きを誘発してみようと考え、①のタライにトイも立てかけました。

　①のタライを出した途端、2歳、3歳の子どもたちが集まってきました。あっという間に4、5人でいっぱいになってしまったので、すぐに②のタライを出しました。①のタライは、案の定、水を流す動きがすぐに生まれ、船を流して遊びはじめました。②のタライは、つかって遊ぶ動きが中心です。保育者は、船が落ちた

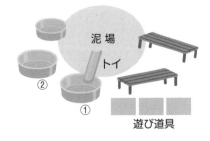

ところの水たまりと、その他の場所を際立たせるため、シャベルで整えます。
　保育者はそこから、他の遊びを見に行きました。戻ってきたとき、子どもたちの泥に入るてらいのなさを見て、よかったと思いました。Fくんが、アイスクリームづくりをはじめました。その遊びにも注意を向けながら、水の流れた先の展開を盛り上げようと、土手づくりに取りかかろうとしたのですが、そこで片づけになってしまいました。

🕘 **9:50**

この日の環境構成の成果と課題は、次のようなものです。

> ✓ **成 果**
> ・ごちそうづくりの動きが出た。
> 　→ 触りたくなる、きれいな環境が必要だった。
> ・水遊びとつなげて、泥んこの場が再生できた。
> 　→ 子どもの意欲の高い動きからつなげたことがよかった。
> ・暑くなってきた時間帯で、子どもの登園がほぼ終わった段階で大きなタライを出したことは、時間的環境の構成として合っていた。
> 　→ 意図通り、水遊びで盛り上がりをつくることができた。

> ✓ **課 題**
> ・泥がメインとまではいかなかった。
> 　→ 時間がなかった。Ｆくんのアイスクリームづくりなど、泥へと遊びが展開しかけていたので、明日、明後日とこの場を支えていけば、また再生できるだろう。
> ・上記に関連して、もう少し、泥んこに入る子どもたちを増やしていきたい。今回は、2、3人だった。
> 　→ 日々、この場所の楽しさの痕跡を残していく必要性がある。

　遊びにおける学びは、日々の積み重ねによって確かなものとなっていきますので、日々の環境の構成は、前日までの子どもの姿、すなわち保育者の子ども理解に基づいて行われます。保育者は、その子ども理解から育ちについて願いをもち、その具体的イメージを描き、それにかかわる物と場所の働きを考えて、環境を構成します。願いがあると、環境を構成していく方向性を定めることができます。そして、その姿を具体的にイメージできると、何をどこに置けばよいのかがわかります。その際、物の特性、場所の特性を理解していると、適切な数、位置が具体化できます。

　そして、これで終わりではありません。環境の構成の出発点は、あくまで願いと予測に基づくものに過ぎません。予測は外れることもありますし、予想もしない新たな展開が生まれることもあります。子どもの意欲に応えるために、予測を立てて環境をつくることはとても大切です。しかし、それにこだわってしまうと、子どもの伸びやかな意欲の展開に気づくことができません。乳幼児期の学びとして、何より大切なのは、その心と身体が連動して動くことです。保育者は、子どもと遊びの時間を共有する中で、その意欲の流れに沿い、その都度必要な環境を考え、柔軟に対応していくことが、あらかじめ行う環境の構成と共に望まれます。

（2）子どもの意欲に沿う理解と援助

　保育者は、物や空間に願いを込めていくのと同時に、遊んでいる子どもたちの意欲に寄り添いながら、その結果、楽しさ、喜び、充実感を味わえるように援助していきます。意欲の充実が、次の活動への動機を形成し、試行錯誤をすることで遊びをより深めていくからです。ある事例を通して、そのむずかしさと大切さを見ていきましょう。

事例❺

失敗から学んでいく（2歳児クラス）

　2歳児のプール遊びの場面です。担任保育者は、ある別の保育者が、以前にバケツで大きな空気の玉をつくり、「おなら」と遊んで盛り上がっていたことを思い出し、自分もやってみようとしました。ところが、うまくできません。子どももよくわからなかったようです。そこで、バケツに水を入れて、子どもにかけたりして遊んでいました。

　そのうち、子どもは、もっているペットボトルで、バケツに水を入れはじめました。それが、楽しいようです。何度かその動きが複数人から出ているのですが、保育者は気づいていません。そして、たまった水をザブンと子どもにかけて遊びをしかけますが、子どもにはその刺激が少し強いようです。保育者は、バケツに入れられる水の多さを生かした動きで、子どもとやりとりを楽しもうとしており、そこに気が向いているので、子どもが、水を入れることを楽しんでいたり、水をかけられすぎて身を引いていることに気づけなかったのでしょう。

　そこで、いったん保育者の動きを止め、子どもたちが今、楽しんでいることに気づかせ、その動きを支えてみるようにアドバイスしました。そこで保育者がバケツをひざに抱くと、さっそく子どもたちがまわりに集まって、水を入れはじめました。やはり、それが楽しかったようです。自分の動きによって、バケツに水がたまっていくという変化を見るのがおもしろいのでしょう。そして、それが一杯になると、表面をトプントプンと触る動きが出ました。それから、バケツの中に入ってみるという動きも出てきました。すると、水がドブドブッとこぼれます。こうやって、子どもたちは、自分のしたことの成果を確かめるようにして、いろいろな発見をしていきます。この動きは、繰り返し楽しまれ、次のプールのときも子どもたちは「水をすくって入れる」動きを楽しみました。

　さて、ザブンと水をかけられて嫌だったMちゃんは、プールから出るときも、いきなりシャワーをかけられて泣きそうになりました。保育者は、「出るときはシャワー浴びなきゃいけないから」といって、その泣きそうな表情を見ても、仕方がないという対応をします。ところが、次の日、これまで楽しそうな笑顔で水遊びをしていたMちゃんが、いっさい、水遊びに参加しようとしなかったのです。そして、汗を流すシャワーも頑なに拒否しました。思えば、やっと緊張が解けて、お話をするようになったMちゃんです。刺激の強すぎる水のかけ方をするのは、彼女にとっては、ふさわしい行為ではありませんでした。

保育者の思い込みや「すべきこと」にこだわって、子どもの意欲とずれてしまうと、遊びは盛り上がりませんし、場合によっては、苦手意識さえつくってしまいます。保育者は、楽しいはずという「かたち」にとらわれることなく、目の前の子どもたちの意欲の流れを読み、感じ、寄り添い、共に楽しむ姿勢が求められています。このようなことは、決してめずらしいことではありません。失敗しない人はいませんし、子どもと心がずれてしまうこともたくさんあります。Ｍちゃんについても、すぐに保育者間で「ぜったいに水について無理をさせない」と共通理解し、彼女の水との距離感を大事にしたことで、すぐにまた水遊びを楽しむようになりました。ありがたいのは、明日があることです。自分のずれに気がついたら、そこで修正すればよいし、真摯に子どもに謝ればよいのです。そうやって、生活を共にしていくのが保育です。

（3）遊び理解と保育者の援助

　一口に遊びといっても、遊びにはたくさんの種類があります。そして、そのような質の異なる遊びが同時多発的に展開していることが、子どものさまざまな意欲を支え、その経験を豊かなものにしていきます。次頁に、「子どもの主な遊び」について例をあげ、その子ども理解の観点についてまとめています。

　どの遊びにおいても、子どもたちが何をしたいと思っているのか、何を楽しんでいるのかという読み取りが大切です。それをよい方向（楽しさ、おもしろさ、充実感、達成感を味わうこと）へと支え、導くことが保育者の役割だからです。また、すべての遊びに発達を入れていますが、これは、相対的な遊びの評価と考えてください。子どもにとって、遊びの内容やそれを支える環境が、簡単すぎても、むずかしすぎてもおもしろくありません。その案配の指標が発達です。これは、序章で述べたように、一般的知見と園独自の文化に規定されています。発達的視点は、教養とその園での経験の蓄積によって手に入れていくことができるでしょう。

　次頁にあげた、描画、造形、ダンス、運動技能系の遊びなどは、それを楽しむのに必要な技能があります。逆にいうと、技能がないと楽しめません。保育者の環境の構成が、発達に合っているのかという教材理解と、技能を無理なく伝授する指導力が求められます。特に、一定の技能が必要な遊びは、取り組む子どもと取り組まない子どもで差が出ます。遊びがいくら自由な活動であるといっても、まったく取り組まなかったり、苦手意識を抱いたままでいたりすることは、よいことではありません。どれも、育ちとして大事な経験です。そのために、一斉保育を導入していくことも多いのですが、遊びの時間で取り組めるよさは、個々のペースを守ることができ、保育者も個別対応できるところです。得意にならなくとも、嫌いにはならないように、さまざまな経験をして無理なく楽しんで

子どもの主な遊び

遊び	子ども理解の観点
ごっこ遊び （生活の模倣を主とする遊び）	・遊びのテーマ（お医者さんごっこ、レストランごっこなど） ・物見立て、場所見立て、ふり見立ての様子、展開 ・人間関係（テーマの共有具合、パワーバランス、個々のイメージとその具現化） ・発達
ルールのある遊び （あらかじめルールが決まっている遊び、鬼遊び、サッカー、トランプなど）	・ルールの共有（発達、子どもの理解力） ・人間関係（ルールに関係するトラブル、意欲の度合い） ・環境の構成（人数と展開のスムーズさ、空間的なやりやすさ） ・個々の意欲、理解力の差 ・発達
虫探し・虫取り	・個々の恐怖心 ・個々のかかわり方 ・個々あるいは仲間同士の着眼点、興味・関心 ・人間関係（役割分担、興味のもち方） ・発達
描画・造形 （お絵かき、廃材製作、折り紙、ブロックなど）	・個々の技能（素材、道具の扱い方） ・材料の過不足 ・個々の意欲の差 ・発達
ダンス	・環境の構成（曲、振りつけが、子どもの意欲、技能に合っているか） ・子どもの工夫が生かせるか ・個々の身体技能 ・場所とやりやすさ（音の響きを含む） ・発達
運動技能系の遊び （鉄棒、うんてい、縄跳び、コマ回しなど）	・個々の身体技能（触覚、平衡感覚、固有覚※、視覚、聴覚の働き）　※本書 p.91 参照 ・道具の扱い方 ・個々の意欲の差（得意、不得意） ・発達

ほしいと思います。技能を必要とするそれぞれの遊びについて、ここでは詳しく述べませんが、各分野の知識と共に、スキルアップを図ってください（本書 p.136 参照）。保育者が遊びのおもしろさを理解して楽しそうにする姿は、何より子どもの心をひきつけます。

　また、虫探しや虫取りは、恐怖心の度合いが大きな鍵を握ります。未知のものとの出会いに対する子どもの反応は、さまざまです。噛まれても、引っ掻かれても平気な子どももいますし、見ているだけが精一杯の子どももいます。手荒に扱う裏には、興味と恐怖心が同居しています。そこを見抜き、一人一人の恐怖心を和らげながら、かかわりを保障していくのが保育者の役割です。乳幼児期は、小さな命に自然と心を寄せることができる時期です。どんなに怖がっている子どもも、小さな命の営みに触れると、心が動きます。現代では、虫が苦手な保育者がとても増えていますから、まずは、自身が虫への興味・関心を

もち、少しでもかかわりをもっていくことが大切でしょう。また、かかわる虫の危険の有無について知っておく必要があることはいうまでもありません。また、その生態を知っていればいるほど、子どもの豊かな経験を導くことができるでしょう。

　この項では、子ども同士で遊ぶ、ごっこ遊びとルールのある遊びについて、少し詳しく述べていくことにします。

① ごっこ遊び

a) ごっこ遊びとは何か

　ごっこ遊びは、生活の中で、子どもが興味・関心をもった出来事を再現する遊びです。その出来事の「場」は、物と人と空間の意味あるかかわりによって構成されています。たとえば、レストランは、料理と机、椅子などの空間的レイアウト、客と店員のやりとりによって構成されており、病院は、注射器や聴診器などの医療器具と、ベッド、診察室などの空間的レイアウト、医者、看護師、患者のやりとりによって構成されています。子どもは、物を見立て、場所を見立て、ふりのやりとりを通して、レストランや病院をごっことして模倣します。そうして、生活における出来事の成り立ちを学んでいるのです。

b) テーマと３つの見立て

　保育者は、日々の遊びの中で、子どもたちが何をごっことして楽しんでいるのか、まず知る必要があります。ごっこ遊びのテーマです。お医者さんなのか、お家なのか、レストランなのか、そのイメージによって、子どもの立ち上げる世界は異なります。

　ごっこ遊びは、イメージの具現化に楽しさがあり、そこには、３つの方向性があります。物見立て、場所見立て、ふり見立てです。これらが、彼らの意欲の流れの中で連動していくと、遊びの楽しさ、おもしろさ、発展、深まり、充実といった方向へと展開していきます。たとえば、お医者さんごっこで、医者役が、患者にただ手を当てて診察するふりをするよりも、おもちゃの聴診器を首からかけて診たほうが、どちらの子どもも、はるかに「その気」になれるでしょう。さらに、白衣を着たり、注射器があったり、薬をつくったり、イメージを具現化する物の働きによって、さまざまなふりを楽しむことができます。また、ただ、床でそのやりとりをするよりも、病院に見立てた場所をつくって、そこに診察台や待合場所があるほうが、ずっとその気になれます。

　このようにして、３つの見立てが連動していくと、子どもたちは共通のイメージをもって、さまざまなふりのやりとりを楽しむことができるようになります。

c) 遊びの充実を支える保育者の援助

　したがって、保育者はごっこ遊びの援助において、テーマがわかったら、その遊びを物

見立て、場所見立て、ふり見立てから診断していきます。このとき大切なのは、この3つの見立ての連動を急がないことです。小川博久は、『保育援助論』において、次のように述べています[1]。

　　1つの遊び、1つのグループの遊びについて、こうした内側と外側の目を必要とし、なおかつ、その遊びに参加しながら、遊びを大人の目で仕切ったりしない技能を保育者は獲得しなくてはならない。たとえば、ごっこ遊びなどは、この遊びのおもしろさを体感する感性を大人になる過程で喪失してきているので、遊びの流れを壊さず、その流れに自分を合わせていく感覚を身に付けることが求められる。

「こうすればおもしろくなるのに」「こうすれば、遊びが発展する」という無邪気な保育者の思いつきを、そのまま子どもにぶつけても、子どもにはしっくりきません。ごっこ遊びの目的は、子どもたち自身のイメージ世界をつくっていくことであり、それを支えるのが保育者の役割です。「これが楽しいんだな」「集中してるな」「バラバラになってきたな」「飽きてきたな」という感じが内側のとらえです。それに対し、「場所が狭そう」「○○があったら、もっとその気になれるかも」「○○のやりとりが、もっとはっきり目立ったほうが楽しいかな」というのが、外側の分析です。保育者は、子どもの意欲の流れを内側から感じながら、その遊びの状態について外側から診断し、その場にふさわしい援助を考えていくのです。ただ、筆者が個人的に思うことは、やらないよりは、やってみたほうがよいということです。その前提には、子どもが保育者のすることを拒否できる関係性が必要です。遊びは、子どもに選択権があります。それを堂々と示せることが、子どもの遊び世界を担保します。そこでいろいろとやってみて、保育者自身も試行錯誤を重ねることが、保育の楽しさと専門的スキルアップにつながっていくでしょう。

d) 発達

　ごっこ遊びの楽しさの落としどころは、ふりのやりとりです。物見立てや場所見立ては、それを盛り上げる装置だといえます。実際は、その装置をつくることで満足して終わるケースも多々ありますが、友達とつながった実感が得られるのは、ふりのやりとりを交わしたときです。そのトップの出来事に向かって、あれやこれや、物や場所を工夫するところに発達差があります。それは、子どもたち自身の見通し力によります。年齢が低ければ低いほど、見通し力は弱く、目の前の出来事に引きずられていきます。

　したがって、2歳児や3歳児では、ふりのやりとりがすぐに楽しめる環境がよく、5歳児へと向かうに従って、すべて自分たちで考えるほうが楽しくなっていきます。そのための環境として、たとえば、2歳児や3歳児には、すぐに「いただきます」のやりとりがで

きるおもちゃのごちそうを置いておき、4歳児になったら、お菓子やお寿司など、ごちそうを自分たちでつくる材料を置いておきます。

　特に、まだ手元しか見ていない2歳児や3歳児では、空間の構成はむずかしく、保育者の手が必要です。保育者の手を借りながら、子どもは次第に自分たちの場所を過不足なく、他の遊びと共存する形で使いこなすことができるようになります。

　5歳児のごっこ遊びで、モグラ叩きならぬ、アニメのキャラクター叩きごっこが流行っていたことがありました。キャラク

ターの人形をつくり、段ボールに穴を開けて、その段ボールに下から顔だけ突っ込んで、人形を出し入れし、それを、別の子どもが手づくりハンマーで叩くという遊びです。寝っ転がれる場所と、順番が待てる場所として、テラスを選び、楽しんでいました。保育者は、ほぼ材料を準備しただけです。物見立て、場所見立て、ふり見立てを自分たちで構成し、つくり上げたこの遊びは、生活発表会へとつながっていきました。

e) ごっこ遊びにおける人間関係

　ごっこ遊びは、互いの思いつきによって、進んでいく遊びです。フランスの社会学者・哲学者のカイヨワは、ごっこ遊びの特徴を「絶えざる創作」だといっています[2]。そのため、思いつきをそのまま表せる子どもが主導権を握りやすい遊びだといえます。子どもは、いろいろな個性をもっていますが、思いつきをどんどん出すけれども、具現化はしないとか、次から次へとイメージを変えていってしまうとか、他に目移りしていなくなるとか、いろいろあります。逆に、一つのイメージでじっくりと場にかかわっていく子ども、物とのかかわりをていねいにしていく子どもがいて、筆者はそれを「主（ぬし）」と呼んでいますが、実は、こういうタイプの子どもが、だいたい遊びの安定を支えています。

　いずれにしろ、声を大きくして自己主張できる子どもがイニシアチブ（主導権）を取りやすい遊びです。その自己主張が強すぎたり、わがままが出すぎたりすると、他の子どもの自己発揮がむずかしくなってしまいます。そうした出来事を、そのままにしておくことはできません。ですが、よくない出来事は、大事な学びの機会であることも事実です。自己の抑制と、嫌なことをきちんと相手に伝える勇気を育てる大事な機会にしていきましょう。

　以上の点から、ごっこ遊びの理解の観点として、遊びのテーマ、3つの見立て、発達、人間関係をあげました。ぜひ、参考にして、ごっこ遊びを内側と外側からとらえ、その充実を支えてほしいと思います。

② ルールのある遊び

a) ルールのある遊びとは何か

　ルールのある遊びとは、あらかじめ定められたルールがあり、それに従って遊ぶものです。つまり、ルールそれ自体が遊びを構成しています。もっともシンプルなところで、鬼ごっこがあるでしょう。ここでは、鬼が追いかけて子が逃げなければ、遊びは成立しません。ドッジボールには、ドッジボールの、そしてカルタにはカルタのルールがあります。

　ルールのある遊びのよいところは、個々の思いを超えて、ルールのもとで平等な関係が結ばれ、役割に応じた動きが求められているところです。「絶えざる創作」によって世界をつくり上げていくごっこ遊びとは、ある意味逆です。そこには、役割に徹することで得られるシンプルな解放感、喜びがあるでしょう。

　人は、必ずどこかの組織に属して生きていきます。そこで与えられた役割に応じて、責任を果たしていかなければなりません。その意味で、ルールのある遊びは、大切な社会性を育む遊びです。実際、この遊びを楽しめるようになるまでのトラブルの多さ、自己中心的なふるまいの多さを見ると、とても大切な遊びだと感じます。

　以下では、このルールのある遊びの子ども理解について、考えていきましょう。

b) ルールの共有

　ルールのある遊びでは、子ども同士がルールを共有しなければ遊びが成立しません。そこで配慮すべきなのは、発達です。発達的にむずかしいルールでは、子どもが理解できませんし、楽しめません。それぞれの発達段階で、どのような鬼遊びやゲームを楽しめるのかは、その園の文化に根ざしている部分が大きいと思います。ですが、ここでも保育者として、自分のクラス、あるいは学年の子どもたちが楽しめるルールを試行錯誤する必要があるでしょう。基本的に、2歳児、3歳児には単純でシンプルなルールがふさわしく、5歳児になるに従って、「～ならば、～する」という条件が複雑な遊び、たとえば、ドッジボールや開戦ドンなどの遊びを楽しめるようになります。

　子どもたちの間で、ルールが共有されている度合いが高ければ高いほど、遊びはおもしろくなりますし、逆にルールが共有されていないとバラバラになります。適時ルールの確認や投げかけを通して、調整していくことが求められます。特に、ルールがわかっていないけれど、雰囲気で参加している子どもがかなりいます。勝手にマイルールをもち込んでゆずらない子どももいるでしょう。大切であるのは、ルールがあるからおもしろい、ルールを守らないとおもしろくない、ということを子どもが実感することです。ここでも、小川がいう通り、遊びを内側から、そして外側から理解して、子どもたち自身が楽しめるルールを子どもと共に考えていくことが、個別対応も含め、とても大切です。ルールは守るべきものであり、守っていないから悪いと一刀両断したり、指示したりするのではなく、

楽しめるルールを確認したり、子どもと共に、新たなルールをつくり出したりする姿勢が
保育者には求められます。

　子どもたち自身に調整力がついてくると、トラブルが長引くことを避けるようになりま
す。やりとりが止まってしまうと、遊びがつまらないからです。その典型が、第三者の意
見やジャッジを取り入れるようになる姿です。当事者はゆずらないことが多いですが、見
ていた友達の意見は、事実として受け入れざるを得ないようです。いつまでもしつこく
いっていると、「長い！」「早くして！」というヤジも飛ぶようになります。やりとりのお
もしろさ、高揚感を維持するリズムを、子どもたち自身が守るようになるのです。こうな
ると、もう保育者は必要なくなり、自分たちだけで遊びを続けることができるでしょう。

c）子どもが楽しんでいること

　ルールのある遊びだから、ルールに従うことがすべてであり、そこに創造的要素はない
のかといえば、そうではありません。また、ゲームの合理性からいえば、大人が想像でき
ないようなところを楽しんでいることもあります。

　4歳児のドッジボールに参加したときのことです。自分たちでできることを増やしてい
こうと、コートのライン引きを任せてみました。ある日は、コートがとても広くて、他の
遊びの邪魔でした。その次の日は、とても狭い。いつもは縦長なのに、横長に引いていま
す。この、ほぼ避けられないコートの中で、子どもたちはとても楽しそうなのです。ドッ
ジボールのルールでは、当てられないことが大事なので、ボールに対して後方に下がるこ
とが常道です。ところが、こぞって最前列に行くのです。ルールの観点からいえば、不合
理極まりない行動なのに、なぜでしょう。この遊びは、外野なしの設定で、当てられたら
相手コートに移動するというルールでした。チーム分けが、男の子対女の子なので、当て
られたら男の子は女の子チームに入らなければなりません。早く自分のチームに戻りたく
て、積極的に当たりに行く、というわけでした。当てる、当てられる、移動するという展
開の早い繰り返しが、心地よいリズムとなって、子どもたちに共有されています。それが、
この日の子どもたちが味わっているドッジボールの楽しさでした。子どもの楽しさの真ん
中は、ちょっと大人の合理的な枠組みとは違うということがわかる出来事でした。

　また、こんなこともありました。5歳児のドッジボールの場面です。遊びには、盛り上
がりの波があり、それが落ち着いて、次第に仲間が抜けていったときのことです。片方
のコートには、4人しかいなくなりました。すると、おもむろに「サンダーボール」と
いって、コート内の友達にボールを転がしはじめました。それを受けて、隣の友達に転が
し、それをまた隣へと、パスがはじまったのです。そして、最後受け取った子どもが、相
手コートに投げるという連係プレーがはじまりました。ボールが来るたびに、「サンダー
ボール」といって、ボールを渡して投げます。

　すると、今度は相手チームに残っていた3人が、コートの隅に3人で手をつなぎ、「りーりーりー」と避け方を編み出しはじめたのです。何の申し合わせもないのに出てくる動きの中に、仲間との息の合った連帯感があります。こんな出来事が、ふいに起こるところが遊びのよいところです。ところが、この様子をぱっと見た保育者が、ドッジボールになっていないと判断し、「これこれ。ドッジは、こうやって……」とルールを教えようとしたのです。そのようなわけで、もう、あの思いつきの時間が限りなく前に広がっていく豊か

な時間は、消え失せてしまいました。そのうち、また人数が増えて、パス回しができなくなったのですが、投げるたびに「サンダーボール」とつぶやく様子に、ふっと思いつきを友達と共有する喜びの名残（なごり）を感じたのでした。そのあと、また新たな技が飛び出しました。パス回しができないからでしょうか、「ギンガボール」といって、3人が一緒にボールをもって投げはじめました。威力はまったくありません。しかし、友達とつながる心地よさを、そんなふうに再現してみせたのです。与えられたルールのもとで遊ぶだけがすべてではなく、身体のリズムを通してオリジナルな約束事が共有される喜び、そうして友達とつながる喜びを、よく示す出来事でした。

　保育者は、ルールの理解度や共有度を通して、遊びの展開を見ていくことも大切ですが、大人の予想を超えた楽しみ方を子どもはするものであり、その楽しみ方こそが、人とつながる喜びや工夫を体現しているといえるでしょう。

d）ルールのある遊びにおける人間関係

　ごっこ遊びは、それぞれの個性がぶつかり合って、ときに葛藤の大きいトラブルがよく起きますが、ルールのある遊びは、自分たちで自立して遊べるようになるまでに、非常に多くのトラブルがあります。それは、乳幼児期の自己中心性に根ざしています。子どもは、とにかく負けることが嫌いです。理屈抜きに負けるのが嫌なので、嘘をついたり、ズルをしたりすることも頻繁です。勝手にルールをつくっては変え、まわりをうんざりさせることもあります。負けても次があるから何でもないさ、それよりも、ルールを守るほうが遊びは楽しいと思えるようになるまでには、相当の時間がかかります。個人差もありますが、子ども同士で自立して遊ぶのは、5歳児までかかるでしょう。

　ところが、異年齢で遊ぶと、自立は早くなります。小さい子どもは、あこがれをもって観察学習ができること、大きい子どもは、見られているという年上の自覚から、我慢したり、自制したりする気持ちが働くようです。同年代だと、ケンカばかりしているのに、異年齢になるとうまく回り、スムーズであることの合理性や心地よさがわかるようです。

遊びには、楽しさがないと繰り返し取り組む態度が生まれません。特に、活動の導入時には、楽しさが味わえる環境の構成やルールの設定、そして、スムーズな展開が必要です。そして、楽しいとつまらないを何度も経験する中で、調整する力を養っていきます。保育者は、遊ぶ動機が失われないように、遊びの流れを見て、わがままな態度、トラブルを調整していきます。聞き流したほうがよいときもありますし、時間を取って話し合うことやみんなに問題を投げかけてみることがよい場合もあります。また、負けるぐらいならしないと思う子どもや「人に何かをされること」に過敏な子どもは、こうしたルールのある遊びに参加しない傾向があります。そうした子どもには、まず保育者とやりとりを楽しむなど、個別の対応が必要になるでしょう。これらの判断は、すべて子ども理解によります。

　保育者は、ルールのある遊びにかかわるさまざまな子どもの姿を、その自立心や調整力を育む大事な機会ととらえ、ていねいな対応を心がけると共に、モデル、環境の構成、人間関係の調整等を通じて楽しさを維持し、子どもたちの遊びへの動機を保ち続けていく援助が必要です。

e) 環境の構成

　ごっこ遊びは、子どものイメージと思いつきに応じて物が取り入れられ、空間がつくられていきますが、ルールのある遊びは、ルールが物や空間を規定しています。トランプやカルタなど、それがわかりやすいでしょう。ルールのある遊びで大切なのは、快適さです。快適さとは、すなわちやりとりのしやすさです。これは、年齢が低ければ低いほど、自分たちで工夫することがむずかしいでしょう。安全面の配慮はもちろん、人数に対する広さを考えたり、子どもが集中できる場所を提案したりできるのは、保育者です。また、鬼遊びの鬼と子の区別や、チーム分けなど、色分けしたタスキなどを使って、視覚的にわかりやすい環境をつくるのも保育者ができることです。

　保育者の環境の構成には、試行錯誤が必要です。たとえば、鬼ごっこの場合、子どもは、見えていない相手を探して追いかけるのは得意ではありません。5歳児も後半までは、むずかしいでしょう。そうすると、ある程度のスペースを設定したほうが、誰が参加しているのかわかりますし、鬼と子のやりとりが生まれやすくなります。この広さを、どう設定するか、これが保育者の腕の見せどころです。広すぎると、いつまでたってもタッチできないのでつまらないし、狭すぎると、身体を動かす楽しさ、工夫が生まれません。人数が増えてきたら、スペースをつくり変える必要もあります。新人保育者のときは、やる気のままに広すぎたり、逆に、狭すぎたりしています。また、状況の変化にもついていけないところがあります。子どもの動き方、スピード、エネルギーなどについて、感覚的につかめるようになると変わってくるでしょう。

　自分のつくった環境の構成が適切であるのかどうかは、客観的に見ないと気づけませ

ん。自分の環境の構成に対するPDCA（計画→実行→評価→改善）はとても大切です。同時に、先輩の取り組みを見たり、アドバイスをもらったり、自分の視野を広げていくことが求められるでしょう。

（4）遊びと子ども理解

　遊びを通して保育するには、まず子どもの楽しさを支えることが大切です。楽しいという気持ちが、子どもの自発的な活動の繰り返しや試行錯誤を生むからです。遊びの深まり、発展、熟練は、そこにかかわっています。保育者の遊びへのアプローチには、環境の構成と援助があり、保育者の類型化された知識や過去の子ども理解、そして現在進行形の子ども理解が複雑に絡み合って進んでいきます。

　環境の構成は、まず前日までの子ども理解に従って行われ、その後、子どもの様子を受けて臨機応変に展開していきます。この環境の構成には、物や空間が子どもの発達に合っているかどうかの理解（発達の理解）や、教材がどのような興味・関心や動きを誘発するかを予測する教材の理解、そしてごっこ遊びやルールのある遊び、ダンスや描画など各々の遊びの特質についての理解と子どもが感じている遊びの楽しさや予想できる次の展開についての理解があり、そこには、保育者の願いがかかわっています。何かを準備したり、用意しておくことの背景には、これだけの理解があるのです。環境の構成は、子どもの自発的な動きを生み出す重要な仕事の一つで、保育者が意図的にやってみればみるほど、楽しくなるものです。何を用意するかにはじまり、形、大きさ、量、数、色、位置、広さなど、いろいろと試してみてください。

　保育者の具体的な援助も、発達の理解、環境の働き、教材の理解、遊びの理解、そして人間関係を含む過去の子ども理解と現在進行形の子ども理解が合わさって展開していきます。保育者は、遊びに身を置きながら、観察の目とかかわりの目を通して、誰がどこで何をしているのか、何を楽しんでいるのか、どうすればもっと楽しくなるのか、誰が困っているのか、誰が遊べていないのか、どのような人間関係を結んでいるのかといった目的をもって、子どもを理解していきます。そして、ねらいや願いから何がしかの判断をし、援助を行っていきます。あまりにも、次々と出来事が襲ってくるので、自分の援助に無自覚であることも多いでしょう。だからこそ、振り返りが重要になります。第4章で取り上げる保育記録に、ぜひ挑戦してみてください。

　遊びを保育するということは、多岐的で多元的な保育者の子ども理解が、環境の構成と援助の根拠となって働くことを意味します。こうして書くと、とてもむずかしいことのように思えるかもしれませんが、保育に入って、たくさん心を動かすことで自然と身の内に重層化されていきます。まずは、やってみること、試してみることをお勧めします。そこからいろいろなことが見えてくるでしょう。

4 一斉保育における子ども理解と援助

「一斉保育」とは、保育者が時空間を限定して、そこでリーダーシップを取って行う活動です。遊びは、保育における中心的活動ですが、一斉保育は、遊びと同じくらい重要な意味をもつ活動です。ただし、そこには発達に応じた適正な時間があり、遊びのように、子どもたち自身がつむいでいくものとは、質が異なります。以下では、一斉保育の特質とそこでの子ども理解と援助について、述べていきたいと思います。

（1）一斉保育の利点

保育において、遊びは子どもの健やかな発達を促す中心的な活動です。しかし、遊びだけで子どもの十全な育ちが保障できるかというとそうではありません。ときには、意図的に、物事を焦点化して子どもに伝えることが大切です。その活動形態を一斉保育といいます。描画・造形、歌、ダンス、鬼遊び、ドッジボール、行事の練習、お集まりなど、さまざまな内容が取り組まれているでしょう。一斉保育の利点は、次のようなものです。

① 保育者の投げかけたい活動を、
　　クラス全員の子どもに一斉に伝えることができる

効率性が、この活動のもっとも大きな利点です。たとえば、歌などわかりやすいでしょう。歌は、人間性に深くかかわる美的体験です。歌う心地よさを感じられる子どもは、生きる喜びが増えるといっても過言ではありません。この歌を伝えるとき、一人一人呼んで、メロディーを聞かせ、歌詞を伝えるというのは、現実的ではありません。もちろん、
共に歌う経験は、覚えるための効率性以上のものがありますが、歌だけでなく、さまざまな経験を積んでほしいと考えて、それを活動に導入する際、一斉保育は、とても効率がよく、クラス全員が経験を分かち合える活動です。

② 遊びでは経験しにくいことを、経験できる

　遊びでは、経験の内容に偏りができる場合があります。鬼ごっこが嫌いな子どもは、取り組むことがないですし、鉄棒など、したことがない子どももいます。造形遊びのときには、はさみを使って遊ばない子どももいるでしょう。ルールのある遊びをやってみること、さまざまな技能を身につけていくことは、乳幼児期にとても大切なことです。一斉保育は、そうした経験の偏りを防ぎ、バランスのよい育ちを導くきっかけになります。

③ 取り組み方によって、苦手がわかる

　一斉保育は、同じテーマで取り組む活動なので、内容による子どもの得意不得意がよくわかります。それがわかったら、個別に苦手を克服できるよう、援助を重ねていきます。少しの個別配慮で、「こうすればいいんだ」「これでいいんだ」とわかれば、子どもはそこから多くを習得していきます。もともと、子どもは自己肯定感が高く、客観的な相対評価で自分がダメだと思っているわけではありません。わからないだけです。特に、一斉保育による指導だけでは、理解できない子どもがたくさんいます。絵を描くことが嫌いにはならない、踊ることも嫌いにはならない柔らかさを、保育において保障していきたいと考えます。

④ クラスの一体感が高まる

　みんなが同じことをするので、「場」がシンプルになります。そこで、みんなと楽しさを共有できたら、クラスへの所属意識が高まるきっかけとなるでしょう。それは、社会の一員として、園生活を意欲的に送る大きな力となっていきます。

　一斉保育は、園の指導計画に基づいてその時期に経験させたい活動、および、乳幼児の実態から、出会わせたり、深めたりしたい活動を取り入れていきます。たとえば、3歳児クラスの4月に、自分の手の動きによって線が現れる喜びを味わえるなぐり描きの経験を取り入れたり、虫に対する興味・関心が高いので、それに関するリトミックを取り入れたり、走る姿が未熟なので、鬼遊びの機会を多く取り入れたり、例年カリキュラムとして位置づいている活動からはじまって、その年の子どもの状態、興味・関心に応じて、柔軟かつ弾力的に編成していきます。

（2）一斉保育における留意点

① わかる内容であること

　ルールのある遊び（本書 p.54 参照）で述べたように、まずは活動の内容が、子どもに

とってわかるものでなければなりません。ここには発達の理解が、かかわっています。もっといえば、楽しいものでないと、意欲的に取り組むことができません。子どもが楽しいと思えるためには、内容が発達に合っていること、説明の仕方がわかりやすいこと（端的で、平易な表現）、保育者の言葉や行動が、はつらつとしていて、いかにも楽しそうであること（モデル性）が大切になってきます。

② 展開がスムーズであること

20 人前後の子どもの集中力を持続させるのは、それほど簡単なことではありません。子どもは、わからないと思えばすぐに注意が散漫になり、騒ぎ出します。その意味では、保育者の実力が問われる活動でもあります。展開のスムーズさは、主に、待ち時間を短くすること、ロスタイムがあまりないこと、子どもが注意を向ける先がシンプルであることによって保障されます。

待ち時間が長いと飽きが生まれ、ロスタイムが長いと注意が散らばります。注意を向けてほしい場面で、別の興味が生まれやすいものがあったりすると、子どもの気が取られます。たとえば、絵を描くとき、説明の前に教材を配ってしまうと、先生の話を聞くどころではないという状況が生まれたりします。子どもの注意が散漫になればなるほど、一斉保育は成り立たなくなってしまいます。

どのような場合でもそうですが、保育は子どもとの応答関係によって、進んでいく営みです。子どもは、とても正直な反応を示しますので、注意が続かない、てんやわんやになるということは、保育者のスキル、環境の構成、計画性に問題があると思って、試行錯誤を重ねていくことが大切でしょう。

（3）参加がむずかしい子どもへの配慮

一斉保育に参加しない（できない）子どもは、少なからずいます。そこには、いろいろな理由が考えられます。たとえば、以下のような理由が考えられるでしょう。

- ・クラスに所属意識がもてない
- ・自分だけを見てほしい
- ・活動に興味がもてない（むしろ、苦手）
- ・できない自分に向き合いたくない
- ・慣れないことが不安
- ・気が散る
- ・じっとしていられない

クラスに所属意識がもてていない場合、みんなと一緒に何かをすることについて、拒否感を示します。歌やダンスになると、逃げていく姿がよく見られます。これの大本<ruby>大本<rt>おおもと</rt></ruby>は、保育者との信頼関係が結べていないことにありますが、それが保育者の努力不足であると簡単にはいえません。なかなか、心を開くことがむずかしい子どももいるからです。保育者は、その子どもと遊びを通じて好きなことを共有していき、一斉保育場面では、常に温かい視線を送っていくことが基本になります。急がないこと、焦らないことが大切です。人の心はそう簡単には動きませんので、粘り強く、安心を伝えていきます。

　保育者に自分だけを見てほしいという子どもも、わざと一斉保育に参加しないことがあります。おおむね、甘えたい気持ちの一心です。その背景には、家庭環境もあるでしょう。ここでも、その子どもを受け入れ、安心をまず伝えていくことが大切ですが、してはいけないこと、しなければならないことは、きちんと伝えていく必要があります。

　活動の内容に苦手意識をもっていて、できない自分ばかりをイメージしている場合も、参加しなかったり、ふざけたりします。その根底には、不安と自信のなさがあります。たとえば、描画など「うまく描けない」と思うと、逃げたりします。実はそこに「わからなさ」を抱えているので、個別対応が大切です。鬼ごっこなど、最初は参加しない子どもが一定数いるでしょう。追いかけられることが怖かったり、身体をうまく動かせなかったり、やりとりが理解できていなかったりすることが主な理由です。そんなときは、まず、保育者と追いかけっこというおよそルールのない単純なやりとりを楽しむことから出発します。

　いずれの場合も、参加できない子どもの不安を受け止め、一斉保育以外での個別対応が大事になりますし、一斉保育場面では、「あとで、一緒にしようね」「失敗しても、新しい紙があるからね」「見ているだけでもいいよ」など、安心できる言葉がけが大切です。

　気が散ったり、じっとしていられなかったりすることには、多くの場合、その子どもの特性が絡んでいます。慣れないこと、新しいことに極度の不安を覚える子どももいます。このような場合も、無理にさせないことが大切です。その場ですべてを終わらせようと思わず、生活を共にしているならではの時間の使い方をして、できるだけ個別対応を心がけます。活動内容に比して、彼らに何を求めるのか考え、彼らに合う段階的な投げかけをしていきます。同時に、環境としてクールダウンできる場を用意したり、きちんと予告したりすることを心がけ、わかりやすい絵カードで伝えるなど、個別の配慮をしていきましょう。このことについては、第3章で、もう一度触れていきます。

　総じていえることは、参加しない子どもには、しない子どもの悩みや不安、心配があるということです。仮にふざけていたとしても、彼らが幸せなわけではありません。実際には、孤独です。しかし、他の子どもの邪魔をする行為は許されません。それは、しっかりと伝えますが、したくて邪魔をしているわけではない、その子どもの心持ちを理解する保育者の姿勢が、その子どもを楽にしていきます。ここでも、適切な援助を導くのは、子ども理解だということができるでしょう。

（4）一斉保育の指導案

　一斉保育は、保育者がリーダーシップを取る活動なので、ねらいのもとで、どのように展開させていくのか、具体的にイメージできることが大切です。ここには、発達の理解とクラス集団の傾向性についての理解、そして個別理解がかかわっています。熟練者は、先を見通しながら臨機応変に子どもの状態に合わせていくことができますが、新人保育者にはとてもむずかしいことです。したがって、子どもへの援助を具体的にイメージするトレーニングとして、指導案を書くことが有効です。その場合は、下にあるように時系列に沿って、時間、イメージできる子どもの様子、自分の援助について表せるものがよいでしょう。たとえば、次のようなものです。

＜一斉保育指導案＞

○年　○月　○日	テーマ	スパゲティを描こう

＜幼児の実態＞
　絵を描くことが好きな子どもが多く、保育室にあるクレヨンや水性ペンを使って、自由に描く姿が見られる。すでに丸や線を用いて形を描き、そこにイメージを乗せていく子どもの姿もある。一方で、描く経験があまりなく、筆圧が足りなかったり、手が自由に動かせない姿も見られる。また、描いたものにイメージを乗せることよりも、線を描くこと自体を楽しむ子どもも多い。

＜ねらい及び内容＞
●ねらい　スパゲティをイメージして、なぐり描きを楽しむ
○内容　・手を自由に動かす中で、出てくる線を楽しむ
　　　　・（イメージしながら）好きな色を選ぶ
　　　　・スパゲティのイメージを乗せて、描く

時　間	予想される子どもの姿	保育者の援助と環境の構成
	（環境図）手洗い　トイレ　ピアノ　ロッカー　本棚　積み木　ロッカー	（事前準備） ・繰り返し楽しめるよう、お皿型の画用紙は、多めに用意する。 ・具体的にイメージできるよう、スパゲティの写真を用意する。 ・横を向いたら保育者が見えるように、机の向きをつくる。
11：00	・保育者の言葉がけに従って、椅子とクレパス®をもってきて座る。 ・一緒に手遊びをしているうちに、全員が集まる。 ・口々に思いついたこと、経験したことを話しはじめる。 ・紙に注目する。	・机を上図のように準備し、クレパスをもって、自分の席に座るよう、言葉をかける。 ・クレパスを忘れている子どもに言葉をかける。 ・食べ物の手遊びをする。 ・注目が集まったところで、スパゲティの話をする。 ・写真を見せながら、好きな味、どんな味があるか、何が入っているかなど、イメージをふくらませる。 ・子どもの声を拾いながら、適当なところで、「今日は、どんなスパゲティをつくろうかな」といって、台紙に貼ったお皿型の画用紙を出す。 ・「ぐるぐるぐるぐる」といいながら赤で麺をなぐり描き、モデルを見せる。

	・保育者の様子に注目する。	・オレンジのクレパス、黄色のクレパスで同じ動きを繰り返す。「ソーセージ入れよう」「ピーマンもいいな」といいながら、子どもの声も取り入れ、具を描き足す。
	・思いついた具材をいう。	・「どう、おいしそう？」と子どもにたずね、「ちょっと食べてみよう」といって、食べるふりをする。
		・「みんなも、スパゲティ描いてみようか」と投げかけ、白い画用紙を配る。 ・あとで、台紙に貼ること、フォークをのりで貼って添えることを伝えておく。 ・「どんな味のスパゲティができるかな〜。どうぞ、描いてみて」と声をかける。
11：10	・さっそく描きはじめる。	・何をしてよいのかわかっていない子どもには、個別に言葉をかける。
	・好きな色を選んで描く子ども、スパゲティをイメージして描く子ども、さまざまな姿がある。	・力強く、リズムよく、楽しそうに描いている様子に着目して、「ぐるぐるぐる」など共鳴する声をかける。 ・スパゲティのイメージがある子どもには、具体的なイメージを引き出す。 ・迷っている子どもに、言葉をかける。色で迷っている子どもには、「どんな味が好き？　辛いの？」「何色が好き？」と聞きながら一緒に選ぶ。 ・描く段階で困っている子どもには、他の子どもの描く様子を見せながら、「ぐるぐるぐるぐる」とリズムをつけ、手の動きを見せる。 ・失敗しても、何枚も紙があることを知らせる。
	・「先生見て〜」と声をかけてくる。 ・次々に「見て〜」といってくる。	・その子どものスパゲティについて感じたことをコメントし、食べるふりをして味わう。 ・「おいしい〜。ほっぺたおちそう！」とさらに盛り上げる雰囲気を出す。
11：20	・描いた子どもからもってくる。	・終わった子どもは、前にもってくるように声をかける。 ・名前を書いて渡す。 ・2枚目を描きたい子どもには、新しい画用紙を渡す。 ・全員が描けたところで、ランチョンマットに見立てた画用紙とフォークを配る。
	・自分のスパゲティを味わう。	・「食べてみよう。どんな味がするかなぁ」と投げかけ、保育者も、一人一人のスパゲティを味わいに行く。 ・大きなリアクションをとって、一人一人の「できた」気持ちを盛り上げていく。
		・食べ終わったところで、「あとで、スパゲティとフォークを貼っておくので、そのまま先生にください」と伝え、回収する。
11：30		・指示が伝わっていない子どもに、個別に伝える。

　実際は、どうなるかわかりません。描きたくない子どもが、出てくるかもしれません（そのようなときには、無理せず、個別の時間を設けるとよいでしょう）。大切なのは日頃の子ども理解から子どもの様子をイメージし、自分の予想や意図、心がけたいことを具体的に書いてみることによって、心構えができることです。それによって、落ち着いて活動にのぞむことができるでしょう。また、自分の見る視点が定まっていることで、予想と同じことや予想と違ったことがはっきりします。自分の「つもり」が明確であればあるほど、現実場面での気づきも深くなるのです。不測の事態に困ってしまって、何もできない、立ち尽くすだけということにならないよう、指導案を通して思考トレーニングをし、豊かなPDCA（計画→実行→評価→改善）を重ねていくことが大切です。

Column　「仕事」の合理的美しさ

　園で、子どもたちにも「仕事」という場面がいくつかあります。たとえば、落ち葉集め、花壇の世話、野菜の収穫、皮むき、テラスの掃除、砂場にかけたシートをたたむことなどです。遊びの醍醐味は、未来へと自由が広がっているわくわく感ですが、ここでいう「仕事」には、目指すべき終わりの状態があり、それに向かうベストな方法や手続きがあり、そのための合理的な所作があります。

　たとえば、落ち葉を集めるとき、適切なほうきの使い方で、1か所、あるいは数か所に適切な集め方をします。それをちりとりで取って、大きなコンテナに入れるのですが、このときどうしても、砂や泥が混じってしまいます。雨の日だとなおさらです。そこで、いったん穴の開いたカゴに入れて、砂をふるってからコンテナに入れます。そうすると、コンテナへの移動も軽く済みます。

　目的に見合う合理的な方法と合理的な動きが、その仕事を美しくします。このシンプルさが大好き、得意という子どもが、かなりいることに気づきました。この子どもたちは、合理性に向かって、実に気が利いています。私がほうきを手にすると、すぐにちりとりをもってきたり、花を植えようとするとスコップをもってきてくれます。ほうきの扱い方や泥のふるい方なども、2歳児でもあっという間に覚えます。また、4歳児や5歳児になると、4畳分あるシートを、2人で呼吸を合わせ、リズムよくたたんだり、自然と役割分担をして「仕事」にのぞんでいます。そばで見ていて、とても楽しそうですし、やりがいも感じているようです。

　生活の中で生み出される合理的な方法と無駄のない美しい動きは、「仕事」として子どもたちに誇りを与えるようです。遊びのみならず、これからの保育の大きな着目点ではないかと思っています。

演習課題

1 計画を立て、複合的状況性に身を置いて、それをさばくトレーニングをしてみます。夕食や朝食として、料理3〜4品をまったく同じメニューで3回つくりましょう。以下のような手順で、取り組んでみてください。準備の仕方、目安となる調理時間、合理的な動き、味などについて、考えるとよいでしょう。

① 指導案のように、計画を立てる。
② 実践して、成果と課題を書く。
③ 反省を生かして、計画を立て直す。
④ 実践して、成果と課題を書く。
⑤ 反省を生かして、計画を立て直す。
⑥ 実践して、成果と課題を書く。
⑦ 自分を総合評価し、わかったことをまとめる。

2 遊びを理解するために、ごっこ遊びをしてみましょう。
その体験について、以下の視点からまとめましょう。

① どこで、何をテーマに遊んだか（図も入れる）。
② 何を使ったか。
③ どのような展開になったか。
④ おもしろかったこと、むずかしかったこと。
⑤ 物的環境、空間的環境について、気づいたこと、感じたこと。

3 遊びを理解するために、鬼ごっこをしてみましょう。
その体験について、以下の視点からまとめましょう。

① 鬼ごっこの名前とルール。
② 場所と動線の環境図。
③ どのような展開ではじまって、終わったか（リーダーの言葉かけ、何となくなど）。
④ おもしろかったこと、むずかしかったこと。
⑤ 物的環境、空間的環境について、気づいたこと、感じたこと。

第3章

一人一人の子どもへの
対応と子ども理解

　この章では、子どもの個性をはじめ、個別の対応が必要となりやすい場面や、トラブルの場面における子ども理解と援助について見ていきます。また、特別な配慮を要する子どもの特徴についても、触れていきます。そして最後に、個別の対応と切り離せない保護者への対応について、信頼関係を築くための基本的な姿勢から学んでいきます。

1 子どもの個性に合わせた対応

（1）興味・関心の方向性

　子どもは、さまざまなことに興味・関心を示しますが、傾向として人に向くタイプと物に向くタイプがいます。だいたいは、バランスよくどちらも好きな子どもが多いのですが、中にはその振り幅の大きい子どももいます。その強み、弱みについて考えてみます。

　人に関心が向きやすい子どもは、人とのかかわりが好きで、人との刺激を好みます。友達と気持ちが合い、楽しさを共有できることは、とても幸せなことですし、その喜びが人との間で生きる素地をつくっていきます。一方で、自分のコントロール下にない人の刺激は、移ろいやすいものです。人を求めてばかりいると、相手に自分が左右されやすくなってしまうところがあります。実際、友達が相手をしてくれないと、とてもつまらなそうな様子が見られます。

　人に関心が向きやすく、人を追いかけてばかりになってしまっている子どもには、物と向き合う経験が大事になります。物とのかかわりは、自分の意図や技能を物に移し、その成果を受け取るものです。ピカピカの泥団子、工夫に工夫を凝らした廃材製作、手が豆だらけになって習得した逆上がり、うんてい、どれも、自分の試行錯誤、努力の結果です。結果を大事にできる子どもは、自分を大事にしていることと同じです。それは、人に左右されない自分の成果です。最初は、どんな簡単なものでもよいので、自分でつくって「できた」、がんばって「できた」という物とのかかわりを積み重ねていくとよいでしょう。

　一方、物とのかかわりを好む子どもは、自分の世界が大切で、他者に対して狭量なところがあります。こうした子どもには、逆に人とのかかわりのおもしろさを伝えていくことが大事になります。鬼ごっこなどができるとよいでしょう。また、その子どものつくったものからごっこ遊びをつくり出して他の友達を巻き込んでいくのも、よい経験になります。

一緒に活動したり、遊んだとき、友達と笑い合っていること、楽しさを共有していることを印象づける言葉をかけ、友達と過ごす楽しさに気づけるようにしていくことも大切です。

（２）子どものペースに合わせた学び方

　たいていの子どもは、興味をもったらすぐにそこにかかわろうと、身体が動きます。しかし、初めてのことに緊張しやすかったり、失敗したくない気持ちが強いタイプの子どもは、まず「見る」ことが好きです。保育者のしていること、友達のしていることをじっと観察して、「できそう」と思ったら取り組みます。その程度は子どもによりけりですが、参加しないから、やりたがらないから興味がない、嫌がっていると判断してしまうのは早計です。その子どもの安心を支える意味でも、見て学ぶ機会や時間をその子どものペースに合わせて、つくっていってください。

（３）いいたいことを相手にいえる子どもといえない子ども

　たいていの子どもは、自分の思ったことを思ったまま相手に伝えることができますが、中にはいえない子どもがいます。気がやさしいせいか、険悪な雰囲気や相手が泣いたりする場面が苦手で、何もいえなくなってしまうようです。こうした子どもは、いえないままその場をやり過ごし、ストレスをため込んでしまうことがあります。いえない場面を見つけたら、その子どもの気持ちを代弁して相手に伝えたり、気持ちを聞き出したりしていきます。同時に、相手に自分の気持ちを伝えることの大切さを価値観として伝えていきます。"先生はあなたの気持ちがわかりたいと思っているし、友達だって、知らないままでいることはよくないことだ"と伝え、自分の気持ちを表す勇気がもてるよう、導いていきます。
　また、挨拶や「忘れ物をしたから貸してください」など、改まって何かをいうことが苦手な子どももいます。求められていることに緊張したり、何をいってよいかわからず困ったりしている姿があります。いえなかったら、どのように相手にいえばよいのか保育者がモデルを示し、子どもが一緒に心の中でいってみることからはじめていきます。心のハードルを少しずつ下げていき、スモールステップで導いていくとよいでしょう。
　一方で、いいすぎる子どもやきつい物言いの子どももいます。本人に悪気がない場合が

多いのですが、いわれて嫌な思いをしている相手の子どもの表情に気づかせ、振り返りを促しながら、自分の言動を抑制できるようにしていきます。

（4）「ごめんね」がいえない子ども

　「ごめんね」がいえない子どもは、めずらしくありません。「認めたくない」という気持ちがその根底にあります。認めて自分が悪い子になってしまうことが怖いと思っているようです。「したことが悪い」のであって、「あなたが悪い子ではない」ということを伝え、「ごめんね」の先には「いいよ」があること、「ごめんね」がないと終わることができないことをその都度伝えていきます。まずは、先に示したようにモデルとして保育者が代弁し、子どもが心の中でいうことからはじめるとよいでしょう。また、何か保育者に謝る必要がある場面では、「いいよっていうからいってごらん」と投げかけるといえたりします。この課題を乗り越えるために数年かかる子どももいますが、社会性を育む上で大変重要なことなので、粘り強く働きかけていきます。

　次に、園生活において子どもの困り感が強くなる場面を中心に、その理解と手立てを考えていきます。

2 個別対応が必要になりやすい場面

（1）生活の切り替え場面

　一日の流れの中で活動が切り替わるとき、たとえば遊びの片づけから昼食の準備、あるいは、遊びから片づけてお帰りに向かうときなどの切り替え場面では、苦手さの目立つ子どもがたいてい何人かいるでしょう。この時間帯は、クラスの子どもたちがそれぞれランダムに動きはじめます。外から帰ってきて手洗いやうがいをしていたり、汚れた子どもは着替えをしていたり、トイレに行ったりしています。このランダムな動きの中で、何をどう見てよいかわからず、その場を離れたり、動き出せなかったり、落ち着きがなくなってしまうようです。また、夢中になっていることをやめて、その流れに乗って動くことを嫌がることもあります。このような様子があるときは、以下の手立てが有効です。

① 何をするのか予告する

　生活の切り替え場面で苦手さを示す子どもには、これから何をするのか予告することが有効です。どんな人でも、いきなり「自己紹介してください」といわれるよりも、前もって「自己紹介をしてもらいます」といわれたほうが心の準備ができ、安心できます。特に、夢中になっていることをやめられない子どもには、個別に予告することが大切です。全体指示は、ほぼ耳に入っていないことが多いでしょう。いきなり終わりを告げられると「嫌だ」という感情が先に立って興奮したり、緊張が高まる様子があります。

　予告は、タイムリミットまでに間を置いて心の準備を促すということです。言葉だけで済むこともありますが、よく視覚情報を使って知らせます。たとえば、「長い針が5になったら」と時計を見せたり、砂時計やタイムタイマーを使って、「そろそろ終わる」ことが目で見てわかるようにして知らせます。それでも時間になったら、もう一度言葉をかけることが大切ですが、こちらが驚くほどすんなりと切り替えることも少なくありません。子どもなりに、みんなと一緒に行動するべきだと思い、努力しているのだと思います。

　むずかしいのは、保育者のほうです。予告するためには、頭の準備がいるのですが、これを結構忘れてしまいます。前もって、「○○くんに○○を伝える」と思っていなければ、予告できないので、予告することを計画としてもっておくことが必要です。

② 視覚を通して予定、手順を伝える

　予告したとしても、何を予告されたのかがわからなければ、その意味がありません。こ
れから何をするのか、言葉だけでわかる子どももいますが、絵カードなどの視覚支援を通
して知らせるとよくわかるようです。これは、私たち大人も同じでしょう。具体的にイ
メージできるものがあると、子どもも楽になります。

　何をしてよいのかがわからない場合は、これから何を
していくのか絵カードを使って伝えます。たとえば、手
を洗って、うがいをして、トイレに行って、着替えをす
るなどです。片づけの仕方や着替えの仕方がわからない
場合は、その手順について絵カードを使って教えます。
並べて掲示すると他の子どもにとってもわかりやすい環
境になります。また、リング式にして、自分でめくって
確かめながらできるようにすると、落ち着いて取り組む
姿があります。落ち着きのない子どもには、人の動きの
少ない落ち着ける場所を探すことも大切です。

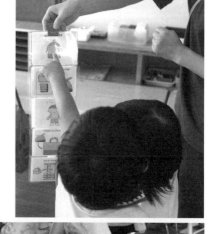

　絵カードがあるといっても、自分で手順を
覚えるまでは、途中で他の子どもの援助を挟
まず、最初から最後まで付き合うようにして
いきます。途中で離れてしまうと、子どもも
すぐにやる気を失いますので、最初から最後
までをスムーズに終わらせるリズムが身につ
きません。しかし、いったん習得すると、き
ちんとできる子どもがとても多いと感じます。

　絵カードをはじめとする視覚支援のむずか
しいところは、大変な手間がかかることです。何をどんなふうに絵カードにして伝えるの
かということも、ていねいに考えなければなりませんし、その子どもに通じる内容として
何を選ぶかなども、考えなければなりません。たとえば、「遊び」を表す絵として、何の
絵が伝わるのか、片づけを伝えるシーンは、どんなものがよいのか、担任保育者だけで考
えてつくるのは大きな負担であり、園として取り組むべき課題だと思います。最近では、
園生活で伝えたい内容を網羅した絵カードも発売されています（本書 p.136 参照）。自園用
につくり変えたほうがよいものもありますが、とても便利なものです。うまく市販のもの
を使って、視覚支援を充実させていくことが、子どもたちが安心して取り組む環境を整え
ていくことにつながります。

（2）なじみのない環境や出来事

　なじみのない環境や出来事に対して、緊張するのは私たちも同じですが、特にそのような場面が苦手な子どもがいます。高い緊張と不安から、驚くほど、激しく拒み、泣き叫んだり、居ても立ってもいられない様子を示すことも少なくありません。ここでも、その子どもの様子を見ながら、少しずつ働きかけていきます。なじみのあるもの、好きなものがあることで安心することもありますし、保育者の抱っこで安心することもあります。音が苦手なら、イヤーマフ（耳全体を覆うタイプの防音保護具）をつけるのもよいでしょう。まずは、本人の苦手さをきちんと受け止めて、彼らの見方、感じ方から援助を立ち上げていくことが大切です。

　特に、別の場所で行事を行ったり、園外保育に行くときなど、子どもの緊張はとても高くなります。このような非日常体験は、その日一回しかありませんから、先手を打つことが大切です。ADHD（注意欠陥多動性障害、本書 p.88 参照）の傾向がある子どもの事例を見てみましょう。

小学校を下見する（4歳児クラス）

　運動会前のことです。この園では、運動会が保護者を含めて600人規模の行事となるため、毎年小学校の校庭を借りて開催しています。慣れない環境に不安と緊張が高まり、きっと落ち着いて参加できないであろうSくんの様子が予想できたので、小学校に連絡を取って、事前にSくんと一緒に小学校の校庭を見に行くことにしました。

　2人で、手をつないで園から小学校まで7分ほどの道のりを歩くのですが、Sくんは最初からおんぶをせがんできました。すでに不安が高まっているのだろうと思い、おんぶして向かいました。校庭に着くと、教頭先生が迎えてくれました。彼を下ろし、手をつないで保育者から教頭先生に挨拶します。仏頂面のSくんですが、逃げ出すことなく一緒に手をつないでいます。「ここで、運動会するんだよ。Sくんの得意なかけっこ、ここでするからね。ちょっと、歩いてみようか」と、またおんぶして、だいたいのトラックの位置を歩いてみます。次に、「ちょっとさ、下りて自分で歩いてみん?」と誘い、背中から下ろし手をつなぎます。素直に、一緒に歩きます。「よし！　そのまま走ってみよう」と軽く走ることもできました。そのあと、すぐに「もういい」とSくんがいうので、教頭先生に挨拶して帰ることにしました。Sくんはすぐにおんぶをせがみます。おんぶして「ちゃんとお礼いおう」と促すと、変わらぬ仏頂面でお礼がいえました。帰りは自分で歩くことができ、解放されたかのようなリラックスした面持ちで、川に流れているものや植物や出会う虫を話題にしながら、一緒に帰りました。

　運動会本番の日、緊張の面持ちで母親と登園してきましたが、無事、スムーズにすべての競技に参加することができました。

　この事例のように、実際に現地に行ってみて、そこがどんなところなのか知っておくことは、緊張が高まりやすい子どもたちにとっては、とても大切なことです。「いきなりいつもと違うこと」を多く感じると、不安が増し、それだけで平静を保てなくなります。小学校の入学式などは、特に、場所を見ておいたほうがよいでしょう。最近では学校側も、そのような体制を整えてくれるようになっています。保護者の力も借りながら、緊張や不安が高くなる子どもを予測し、直接行くことができない場合は、写真などを使って事前の心の準備ができるようにしていきます。

（3）入園、進級、入学

① 入園や進級

　入園、進級は、子どもたちにとって大きな環境の変化であり、どの子どもも不安や緊張を示します。特に入園は、初めて保護者と離れることになるため、不安は非常に大きくなります。保護者と離れるときは、特にさびしさが募ります。その葛藤の様子を、事例を通して見てみましょう。

事例 **7**

とりあえず泣く（2歳児クラス）

　2歳児のBくんは、祖母がいつも園に送ってくれます。離れるときには、祖母にしがみついて、大声で泣きますが、保育者が抱っこして1分後には、ケロッと泣き止んで、三輪車に乗ったり、おもしろそうと思ったものに、どんどんと向かっていく姿があります。それでも、毎朝しがみついて泣き、保育者が近づくと「離される！」と怖がりますが、保育者は笑って彼を受け取ります。そして、「えらいえらい。がんばったね」と背中をさすります。そして、1分後には、ケロッと遊びに向かいます。こうした姿が1か月くらい続くと、ときどき泣くくらいで、すぐに遊びに向かうことができるようになりました。

　Bくんのように、別れるときは泣いても、すぐに落ち着いて遊びに向かえる子どもは多いでしょう。しかし、保護者のほうは、別れるときに泣いていると、ずっとさびしくてつらい思いをしているのではないかと心配しますので、泣いている時期は、できるだけ園の様子を保護者に具体的に伝えていくことが大切です。

　私たちも、学校や職場などの社会の場に出るときは、自然と気持ちが切り替わります。月曜日は気が重くなるといったことも多いと思いますが、人の間に入ることにはエネルギーがいります。ましてや、子どもたちにとって、一番に守ってくれる保護者もいない、園という慣れない場所で過ごすことは、勇気や心構えがいるようです。保護者と離れる場

面は、その心持ちが際立つときです。園が嫌だから泣くというよりは、離れる不安な気持ちを出せている、訴えていると積極的にとらえて、保育者は揺れずに受け取ることが大切です。園にいるときは、「私があなたの安心を守るからね」という気持ちで抱っこできるとよいでしょう。保護者も、保育者の心が揺れていると不安になります。また、保護者のほうが、心配で子どもと離れられず、それゆえに子どもも一向に気持ちが切り替わらないこともありますので、保護者と気楽に話しながら、すっきり受け取れるようにするとよいでしょう。

離れるのがさびしい（3歳児クラス）

　母親と離れることができず、泣いているNくん。母親も困っている様子です。他のことに目を向けて気分転換を図り、離れるための気持ちを整えるため、母親に抱っこしてもらって、園庭を散歩します。保育者も2人について歩き、「お花が咲いてるね」「年長さんが泥団子つくってるね」と園庭の様子に目を向けられるように言葉をかけていきます。また、母親とおしゃべりして、ときには笑い合って、和やかな雰囲気をつくっていきます。クラスに戻り、いざ離れるとなると大声で泣きますが、そこは保育者が受け取って、さよならをします。しばらく、彼をひざに乗せて一緒に園庭の様子を眺めます。泣いている間は、背中をなでたり、頭をなでたりして、安心へと導きます。

　そうして、まず母親と園庭を一周してから保育者が受け取るという流れができ、受け取ったら、まず落ち着いて抱っこする時間を取ることを繰り返していると、2か月くらいで、母親と離れられるようになりました。

　Nくんのように高い緊張と不安がある場合、無理に引き離すと、そのショックのほうが勝ってしまって、なかなか立ち直れません。徐々に気持ちを切り替えて、園で過ごす心構えをもてるように、散歩という形で時間を取ります。このとき、保護者に任せてしまうのはよくありません。母親だって不安です。母親の気持ちにも寄り添いながら、母親と親しくなることで、子どもの不安も軽減されていきます。そこから散歩がルーティンになって、Nくんの気持ちが整うようになったら、クラスのほうで待っていてもよいでしょう。子どもだけでなく、保護者の気持ちにも寄り添いながら、緩やかに気持ちの切り替えを進めていきます。ちなみに、保育者がNくんを抱っこする時間は、最初は15分くらいはあり、抱っこしながら他の子どもの対応をすることもありましたが、次第に短くなっていき、3分くらいで済むようになりました。どんなに短くても、しっかりと「今はぼくと先生の時間」とNくんが思えるような対応が大切です。

ママの取り合いを超えて（3歳児クラス）

　2歳児クラスから、3歳児クラスに進級したJちゃん。妹のNちゃんが2歳で入園しました。ほぼ1か月、Jちゃんは自分も新しい環境に身を置いているのに、小さいなりに姉としての責任を感じたようです。入園したばかりのNちゃんと遊んだり、Nちゃんが困ると「Nちゃんが、泣きゆう！」と大声で知らせてくれたりして、必死でがんばっていました。妹や弟が入園して、がんばってくれていたのは他の子どもも同じでした。また、それに飽きてきたり、しんどくなってくるのも同じ時期でしたが、Jちゃんは、本当に気を張ってNちゃんを守っていたので、とうとう、朝、大泣きに泣くようになりました。「Jちゃん、がんばってたもんね。そりゃ、そうなるよね」と母親とも話します。

　いつも朝一番に登園してくるJちゃんとNちゃんですが、登園までの道のりは、いつも妹のNちゃんが母親に抱っこしてもらっています。そこは、断固としてゆずらないようです。そこで保育者は、Jちゃんと母親が2人きりになれるよう、Nちゃんの着替えなどをクラスにもっていってもらうときは、保育者がNちゃんと過ごすことにしました。Nちゃんが泣いても、「ここは私の番！」とJちゃんもゆずりません。そのうち、登園してくるときはNちゃんが抱っこで、荷物を準備しにいくときはJちゃんが母親と一緒というパターンができました。Nちゃんも、ちゃんと泣かずに待っています。保育者は、がんばっているNちゃんの気持ちを支え、寄り添います。そうして、2人とも笑顔で登園してくるようになりました。

　最初は気を張って妹のためにがんばっていたJちゃんですが、とうとう隠していた不安や緊張が表に出てつらくなってしまいました。このように、最初はがんばらなくちゃという気持ちで気を張っていて、あとから不安だった気持ちが押し寄せてくる子どももかなり多くいます。訳もわからずにいたけれど、やっぱり嫌だった、さびしかった、とあとで自覚するパターンもあり、ゴールデンウィーク明けによく顕在化します。

　この事例では、吹き出た気持ちのあと、妹と母親を取り合って葛藤が高まります。そうして、にっちもさっちもいかない状態から、どちらの気持ちも大事と保護者と保育者が思い、協力することで、互いがゆずり合い納得するパターンが生まれてきます。

　事例を通してわかるように、子ども一人一人、納得の仕方や切り替えの仕方は違います。その心持ちに共感し寄り添う中で、納得のできるパターンのようなものが見つかります。それぞれに合わせた緩やかな園生活への移行が望まれます。

　また、どの子どもも大なり小なり、不安と緊張を抱えているのが入園、進級シーズンです。泣いている子どもはわかりやすいですし、それなりの対応を迫られる中でスキンシップを取れますが、泣かない子どもが大丈夫なわけではありません。視線を合わせる、言葉をかける、困っているときには優先して配慮するなど、一人一人への目配りは欠かせませ

ん。

　進級時は、入園のときほどの大きな変化ではありませんが、それでも部屋が変わり、人が入れ替わることで不安が高くなります。進級前にみんなで上のクラスの部屋に行ってみるなどして、不安をやわらげ、期待を高めていく配慮が必要でしょう。

② 入 学

　園で過ごす子どもにとって、次の大きな変化が、小学校への入学です。場所、人に加えて、過ごし方も大きく変わります。個別に配慮する必要がある子どもは、事前に保護者、関係機関、学校、園を含めて面談を行い、配慮すべき事柄を共有して就学につないでいきます。

　また、就学相談を通じて、特別支援学級に在籍したほうがよいかどうかの相談も進めていきます。まわりが特別支援学級を推しても、本人が納得しない場合もあります。そのようなときは、実際に体験してみることがよいと思います。一つ事例を紹介しましょう。

通常クラスの厳しさ（5歳児クラス）

　就学にあたり、45分の授業が耐えられそうにないDくんと、2人で小学校1年生の授業に参加させてもらうことにしました。一番後ろの席に、2人で座ります。じっと前を見て授業を聞いていたDくんでしたが、10分ほど経つと、もぞもぞしはじめました。注意を促すと、また授業を眺めます。15分くらいで、近くのものを触りはじめました。だいたい、これが限界かなと思いつつ、20分過ぎまで粘り、言葉をかけました。「もう、出ようか?」というと、Dくんは苦しそうにすぐ頷きました。クラスを出てから、「ね〜、Dくん。小学校ってさ、これがずっと続くのよ。ずっと、机に座っておらないかんの。でもさ、そうでもない、もっと楽におれる場所が他にあるのよ。どうやろう。そこにしたほうがいいと思う。どう?」と特別支援学級のことを投げかけると、かなり即答気味にそれがいいと頷いたDくんでした。

　判断力もあり、自尊心をきちんともっている彼でしたので、みんなと違うクラスに行くことはよしとしない雰囲気がありましたが、現実を見ると、本人なりにその大変さがわかったようでした。Dくんのように、小学校の生活に慣れていく過程で、いきなり一年生からその環境に入ってしまうことが現実的にむずかしい子どもがいます。本人に過度な無理がいかないよう、園と保護者、そして関係機関が協力して学校へとつなぎ、就学後の環境を整えていくことが大切でしょう。

（4）行事など人前に立つ場面

　行事など人前に立つ場面は、総じて緊張や不安が高くなります。誰しも人前で演技したり、歌ったり、話したりするのは緊張するものですが、特に、個別対応の必要性が出てくる場面です。大人は、目的を達成するために自分をコントロールすることができます。課題や仕事であれば仕方なくとも、それをするでしょう。そのようなコントロールが、どうしてもきかない子どもたちがいます。いつもと違う雰囲気のせいか、人の視線が怖いからか、失敗を恐れているからか、複数の要因があるでしょう。取り組みにおいて大事なのは、彼らができることを一緒に探すことです。3歳児の事例を見てみましょう。

事例 11

生活発表会で（3歳児クラス）

　劇で忍者役を選んだUちゃん。他の子どもは、ジャンプしたり、でんぐり返しをしたりして技を披露しますが、Uちゃんは、舞台に立つと思うと動けなくなってしまいます。そこで、保育者は「隠れ身の術」を思いつき、Uちゃんに提案しました。動けないUちゃんの目の前に黒い布を置いておき、「隠れ身の術！」という言葉と共に、さっと黒い布で隠すのです。当日、Uちゃんは何とか舞台に出て、保育者に抱っこされながらでしたが、劇の参加者になることができました。

　動けないならば、動けないことを生かす保育者のアイデアで、Uちゃんは、劇の一員として参加することができました。こうした経験は、「ともかくできた」という記憶として残ります。それを保育者も保護者も友達も後押しすることが大切です。4歳児になった頃、Uちゃんは、そんな自分に自己課題をもったようでした。いつも泣いて嫌がる内科検診のときのことです。大変な緊張の面持ちで入ってきて、自分の前の番になるといつものように泣きそうになりました。けれど、その瞬間ぐっと涙をこらえたのがわかりました。そして、医師の前に立ち、素直に診察を受けたのです。終わったあとは、走り出ていきました。よくがんばったと感心して、大げさにほめたことでしたが、5歳児クラスになったときには、大声こそ出しませんが、普通にみんなと一緒にさまざまなことに挑戦する姿が見られるようになりました。

　行事などの人前に立つ場面は、劇や歌など学びの成果を他者に開く場面であることが多く、緊張が高くなる場面です。ここで、みんなと同じようにすることを目的にするのではなく、彼らが自分で「できた」と思えることを一緒に見つけていくことが大切です。5歳児のある男の子の事例を見てみましょう。

お誕生会の司会当番（5歳児クラス）

　5歳児が、もち回りで行うお誕生会の司会当番のことです。Cくんはマイクをもってみんなの前に立つことが恥ずかしくて、想像しただけで緊張し、練習に参加することができません。でも、友達の様子は少し距離を置いたところから、じっと見ています。家では、セリフを何度も練習をしていると聞いています。やりたいけど、できないCくんの葛藤を感じた保育者は、どうすれば司会当番ができるのか、じっくり話し合ってみました。その結果、姿が見られないように、舞台のカーテンの陰に隠れて、そこでマイクをもって話すということになりました。Cくんが、悩みに悩んで出した答えです。とても喜ばしいこととして彼の保護者にも伝え、お誕生会の前に子どもたちにも一言添えて、本番にのぞみました。途中で間違えたところがあり、あわや気持ちが折れてしまうのではないかと心配したのですが、彼はとても落ち着いた明るい声でいい直し、終わったあとも、充実感に満ちた表情を見せていました。家に帰ってから、「ぼく、できた」という報告があったそうです。

　この「できた」という彼の自己評価を通して、達成感や充実感は、一人一人違うものであり、何よりそれを支えることが大切なのだと理解できるでしょう。

　与えられた役割を果たすという点では、舞台の前に立って話すことが正しいのかもしれません。しかし、それができるようになるまでの道のりは、一様ではありません。ある子どもにとっては簡単な道でも、別の子どもにとっては、とても険しい道になるのです。彼の「できた」という自己評価を通して、達成感や充実感は一人一人違うものであり、何よりもそれを支えることが大切なのだということがわかるでしょう。

3　子ども同士のトラブルへの対応

　子ども同士のトラブルは、気持ちを出し合い、気づき合う場面として、とても積極的な意味をもっています。それは、適切な対応があってこそのことですが、さまざまな問題を乗り越える力を身につける大きなチャンスです。嫌なことがない人生など、あり得ません。人と人がいる場所では、必ず齟齬（そご）やトラブルが生じます。その乗り越え方を身につけるのが乳幼児期の学びです。以下では、トラブルの特徴と援助のポイントについて、考えていくことにします。

（1）トラブルの特徴

① 場所や物の取り合い

　1歳から2歳、3歳のうちは、とにかく場所や物の取り合いでトラブルが起こります。仲良く遊んでいたと思ったら、もうケンカしているということも頻繁に起こります。まだまだ自己中心的な世界におり、目の前の事や物しか見えていません。他の子どもの気持ちに考えが及ぶわけもなく、「ほしい」「自分の」とすぐに手が出ます。白石正久は、この「欲張りさ」の中に、人間の発達のエネルギーの高さが秘められていると述べています[1]。この時期は、無用なトラブルは避け、場所についてはむずかしいかもしれませんが、子どもたちがほしがりそうなものは、十分に準備しておきます。それでも限りがあり、トラブルは頻繁に起こるでしょう。特に、それまで遊んでいたもの、たとえば三輪車などをそのまま置いて他の遊びに行ってしまい、他の子どもがその三輪車で遊んでいると、「ぼくのだった」と所有権を主張してトラブルになることがよくあります。園の遊具は、私物ではありませんから、いったん手放してしまうと、他の子に権利が移るということを粘り強く伝えていきます。

　保育は、基本的な規範やルールを一から学ぶところですから、その都度、横取りはしないこと、順番を守ることについて、体験を通して伝えていきます。まずは、トラブルの体験を通して、それが問題であることがわかり、だから何をするとよいのか納得することが大切です。そして、不満をもちながら相手にゆずらせるのではなく、十分に楽しむことができたら、待っている友達にゆずることも促していきます。子どもは、みんないい子です。自分の気持ちを大事にしてもらうと、保育者の促しを通して相手の気持ちにも気づき、ゆ

ずることができるようになります。

　1歳や2歳では、言葉が未熟である分、かみつきやひっかきのトラブルが頻発します。このようなトラブルは、未然に防ぐことが一番です。回数が重なると、された子どもがつらいことはもちろんのこと、どちらの保護者も何もできずにつらい思いをし、した本人も「またしてしまった」という罪悪感から、自分に自信がなくなってしまいます。なるべく場面の特徴をつかんで、予測することが大切です。だいたい、距離が近くて同じものに興味をもっているときが、危険信号でしょう。これらのトラブルが生じた場合は、まずは保護者に対してしっかりとした説明責任を果たすようにしましょう。前後の状況を詳しく伝え、園の責任としてきちんと謝罪し、今後の対応まで伝えていくようにします。また、かみつきは傷口が化膿する場合があります。深い場合は、病院の受診が必要です。ひっかきも、顔など跡に残る場合があるので、皮膚科を受診してきちんとした処置をしてもらうと、みんなが安心できます。

② 人間関係

　4歳から5歳になってくると、ルールをめぐるトラブルや人間関係のトラブルが多くなります。自分の権利、平等性をはじめ、スムーズに物事が運ぶためにすべきことがわかりはじめるこの時期は、ルールに対しても敏感に反応します。その意味では、トラブルは当事者にとって必要なルールや規範を顕在化させるとても大きな学びの機会です。ただ、ときど

きルールに厳しすぎる子どもがいます。実は、自分が逸脱をしたいのに我慢していたり、狭量であることが多いので、そのような子どもには、羽目を外す経験も必要だと感じます。

　また、好きな友達がはっきりしはじめ、「あの子こんな子」がわかりはじめると、個性の響き合いで楽しい関係が築かれていくと同時に、仲間外れにしたり、友達を取り合ったり、相手にいいたいことがいえずに一方的に我慢してしまうようなことが起こります。力が拮抗（きっこう）している場合は、存分に気持ちを出し合い、そこから仲直りする経験を積んでほしいと思いますが、誰かが、一方的に嫌な思いをしているときは、決してそのままにしてはなりません。人間関係のトラブルは、小さな芽がいくつかあります。一見、仲がよさそうに見えても、誰かが行き詰まり感や閉塞感を抱えていることもありますので、理解し続けていく姿勢が求められます。よく見られるトラブルの事例を見てみましょう。

葛藤を超えて（5歳児クラス）

　お世話好きなCちゃん。月齢の低いEちゃんに、まるでお姉さんのようにふるまい、お世話を焼いています。それが、だんだん窮屈になってきたEちゃんは、次第に「自分でやる」「やらんとって」と拒否するようになります。そうして、互いに遊びづらくなり、Cちゃんは、別のお友達LちゃんやOちゃんと遊ぶことが多くなりました。ある日のことです、追いかけっこをしようということになり、LちゃんとOちゃんとCちゃんが遊びはじめました。笑いの中で、LちゃんがCちゃんの帽子をはぎ取ります。そして、笑いながら、Cちゃんの肩をどんと押しました。そして、帽子を投げ捨て、笑いながら逃げていきました。この日を境に、Cちゃんは幼稚園に来るのが嫌だというようになりました。

　Cちゃんはよかれと思ってしていたことかもしれませんが、残念なことに、Eちゃんにとってはおせっかいと感じるようになりました。Eちゃんの育ちとしては、よいことです。そして、お世話をする喜びは優越感でもありますから、Cちゃんもまた、相手の自立を受け入れていく必要があります。つらい思いをしていたCちゃんでしたが、新しい仲良しができました。そこで楽しく過ごせると思っていた矢先に、この事件は起こりました。家で涙ながらに母親に話せたCちゃんでしたが、なぜ保育者にいわなかったかというと、リーダー格のLちゃんに嫌われるのが嫌だったからだそうです。事実を確認したところ、そばで見ていたOちゃんがいっていることとCちゃんがいっていることが一致しました。しかし、Lちゃんは「覚えていない」といいます。「してない」とはいわないので、CちゃんとOちゃんのいっていることは事実でしょう。

　大切なことは、Cちゃんが嫌だった気持ちを、きちんとLちゃんに伝えることです。仲良しでいたいからといって、黙っているのはよくないこと、それは、Lちゃんのためにもならず、Cちゃんの嫌だった気持ちをきちんと知る必要があること、ただ我慢して一緒にいる友達は、友達ではないことをCちゃんに伝え、Lちゃんと話をすることになりました。その日、Lちゃんは自分がしたことを認めませんでした。「覚えていない」というLちゃんに、「覚えてなくても、Cちゃんのつらかった気持ちはわかったでしょう。悪いことをしたら、ごめんねがいえる子になりなさい。先生たちは、みんなLちゃんのことが大好きなんだから。でも、悪いことは悪い。Cちゃんのお話を聞いてわかったはず。ちゃんとごめんねがいえる子になるの」と話します。3歳児の頃は、気に入らないことがあると、泣きわめき、1時間でも黙り続け、動かないことも多かったLちゃんでしたが、最近は随分と自分で気持ちを整理できるようになってきました。家に帰って、いろいろと考えてきたのでしょう。母親も、Lちゃんと向き合って話してくれました。そして、ちゃ

んとＣちゃんに謝ることができました。Ｃちゃんも、「黙ってないで、すぐにいわなきゃダメだってわかった」といっており、この問題にはきちんとおしまいをつけることができました。

　人間関係のトラブルは、保育者が簡単に操作できたり、介入できたりするものではありませんので、ずっと見ていることが大切です。時折見せる暗い顔には、要注意です。他の遊びに誘ったり、生活グループのメンバーを変えたり、仲良しになれそうな子どもの情報を伝えて遊びをつなげていったり、静かに関係を調整していきます。また、問題が表に出たときは、最優先事項として、まず事実確認をし、互いが向き合う時間を取っていくようにします。

③ 苦手さが引き起こすトラブル

　その他のトラブルの特徴として、本人にはそのつもりがないのに引き起こしてしまう場合があります。相手との距離感がうまくつかめない、力加減がうまくきかない、手先が無器用で道具をうまく扱えないなどです。友達に近寄りすぎたり、ぶつかったり、物を壊したり、本人にはそのつもりがないのにトラブルになってしまいます。また、かかわりたいのに、かかわり方がわからず、全部壊してしまうということもよくあります。結局、謝ることになってしまいますので、繰り返されると自分に自信がもてなくなってしまいます。もともとの特性が絡んでいる場合が多いので、注意してすぐにやめられるものではありません。保護者と相談して、療育的な支援をはじめるとよい場合も多くあります。園生活では、どこを見るのか、何に気をつけるのかを具体的に伝え、本人の無意識を意識できる方向に導いていきます。また、よいところをたくさんほめて、トラブルになりそうな場面を見つけたら、未然に防いでいく配慮も必要でしょう。

事例14

ごっこ遊びを読み取ることがむずかしい（4歳児クラス）

　4歳児のＡくん、Ｇくん、Ｊくん、Ｕくんが、中型積み木を使って基地をつくって遊んでいました。しばらくして、最初につくった基地をまるごと別の場所に引っ越しすることにしました。Ａくん、Ｇくん、Ｊくんは、3人で仲良さそうに思いを出し合って、つくっていますが、Ｕくんは、その傍らでじっと立って見ています。どうしたらよいか、どう動いてよいかわからない様子です。Ｇくんが、「あともう1個、三角があったらいいのに」といい、他の2人も、「そうだね」といってまわりを見ましたが、もう全部使ってしまってありません。仕方ないね、というふうにつくり続けています。この話を聞いた、Ｕくんは、三角の積み木をもってくればいいと思ったのでしょう。真向かいの猫ごっこで使っている玄関の三角の積み木を、「はい、これ見つけたよ」ともってきました。取られた、猫ごっこのＢちゃんが、「Ｕくんに取られた」と半泣きで保育者に訴えてきました。それを知った、仲間の男の子たちが、次々

にUくんに「取ったらいかんやん」と怒ります。Uくんは、すっかり困った顔をしていました。そばで見ていた保育者が「Uくん、これは、猫ごっこで使ってる玄関の三角だから、取ったらいかんね。返そうか」と取りなして、Uくんは、Bちゃんに謝ってから返しました。

この事例も本人のわからなさが潜んでいる事例です。ごっこ遊びでは、テーマを共有し、誰が、どこで、何をしているのかという読み取りができないと、仲間に入ることがむずかしくなります。Uくんが、他の3人の動きについていけていないのも、そこに苦手さがあるからでした。彼にしてみれば、必死でついていこうとしていて、よかれと思って積み木をもってきたのでしょう。しかし、猫ごっこという他のごっこ遊びで使われているものだという読み取りが弱く、このようなトラブルになってしまいました。

Uくんは、謝らざるを得ないのですが、一方的に悪いと責め立てられるのは酷なことです。その都度、彼にていねいな説明をすると共に、できるだけ、彼が見ているものについて、誰が、どこで、何をしているのか、さりげなく解説を加えていくことが望まれます。それと同時に、得意なことを見つけることが大切です。あれがダメでもこれがある、と思えることで子どもは自信をもって生活を送ることができます。Uくんの場合は、誰よりも早くコマが回せるようになり、コマが得意になりました。また、決まった手順を覚えることも早く、仕事ができる男の子として活躍できるようになりました。

苦手さをもっていることは、決して本人のせいとはいえず、本人も苦しんでいます。そのわからなさに寄り添い、特別な支援も含めて、できるだけトラブルにならない方向を、ときには保護者の協力も含めて、考えていくことが大切でしょう。

④ 注目してほしい気持ちから

さびしさや自信のなさから、注目を浴びようとわざと逸脱行為をする場合もあります。まっすぐに甘えたり、やってみたり、助けを求めることができないためです。断られるのが怖い、失敗するのが怖い、ダメだと思われるのが怖いというような気持ちが裏に潜んでいます。いけないことをしているので、注意せざるを得ません。そしてそれを繰り返すと、自分の気持ちをその方法でしか表せなくなってしまいます。その子のさびしさ、自信のなさを受け止め、スキンシップを増やすこと、素直にできないといえば、必ず助けると伝えること、実際、困っていることには手助けすること、そして、何か、得意なことを見つけ

ていくことが大切です。

　トラブルは、そのときのその場の解決で済む場合はよいのですが、根っこに深い問題を抱えている場合があります。悪いことは悪いことなのですが、悪いからやめなさいというだけでは、問題は解決されません。苦手なことは潜んでいないか、求めていることは別にあるのではないかと仮説を立て、その子どもを理解し続けていく姿勢が望まれます。

（2）援助のポイント

　実習生や経験の少ない保育者は、トラブルの対応に苦慮することが多いと思います。基本的なポイントについて確認しておきましょう。ただし、園の方針が色濃く反映される部分でもありますので、困ったときは、すぐに先輩保育者を頼るようにしましょう。また、先輩保育者の対応を見て学ぶことも大切です。

① 子ども同士の力が拮抗している場合は互いの思いを出し合う積極的場面として見守っていくが、進行状況は理解しておき、場合によってはすぐに対応できるようにしておく。

② かみつき、ひっかきは、未然に防ぐ。そのための傾向をつかむ。1歳児や2歳児でよくかみつきを起こす子どもについては、興味をもったものが同じで、他児と距離が近いとき、仲良さそうに横に並んで何かしているときが要注意。

③ トラブルがあったら、まず現場検証をして、事実を確認する。当事者が、何があったのかいわない場合は、まわりから情報を集める。

④ 双方の言い分は、必ず聞く。

⑤ 互いに向き合う時間を取り、言葉で気持ちを伝える。その場でむずかしければ、いったん間を置き、再度時間を取る。

⑥ 謝ることがむずかしければ、まず保育者がモデルを示し、代弁する。

⑦ 相手を許す「いいよ」がいえないときもある。その気持ちもいったん受け取り、再度時間を取る。

⑧ かみつき、ひっかきを含め子どもにケガがあったり、登園をしぶる気持ちにつながっている問題がある場合は、保護者に詳しく、きちんと状況を説明し、今後の対応まで伝える。

　とにかく大事なのは、子どもが納得する結末を迎えることです。保育者への信頼関係にも直結する場面ですので、適当な対応はせず、保育者自身がていねいに向き合うことが求められます。

4　特別な配慮を要する子どもへの対応

　社会生活を営む私たちは、他者の気持ちや意図を感じ、理解し、円滑に物事が進むように配慮し合い、そうして形づくられてきたルールや規範に則って生きることを自明のこととしています。保育は、この社会生活を営める人を育てる最初の場であるといえます。

　だいたいの子どもは、保育者の意図や投げかけを理解し、それぞれに葛藤しながらも、必要なルールや規範を身につけていくことができるでしょう。しかし、通常の発達に何かしらの問題があって、集団生活のむずかしい子どもたちがいます。この子どもたちは、世界の見え方や感じ方が、私たちやその他の子どもたちとは、大分違います。たとえば、車を走らせて楽しんでいる友達を見たとき、「Ａくんが車を走らせて遊んでいる」という読み取りができず、その車だけが目に入る子どもがいます。Ｂくんとしましょう。彼は、ぱっと目に入った好きなものは、手にしないと気が済みません。もっているＡくんの気持ちなど関係なく、それを奪います。これは、認められない行為であり、奪ったＢくんは、いけないことをしたことになります。しかし、Ｂくんにとっては、見たものを自分が手にしたことがいけないことだと理解できないのです。彼の見ている世界は、車だけで、「Ａくんが車を走らせて遊んでいる」という読み取りができないからですが、「できない」という評価は、こちら側の見方であって、彼に「できる」という選択肢はないのです。見えないものを見ていないからダメだというのは、Ｂくんにとっては酷なことです。私たちだって、リンゴが見えないのに、「なんでリンゴが見えないんだ。そこにあるだろう。ちゃんと見なさい」といわれたら、苦痛ではないでしょうか？　意味がわからず、否定されたという気持ちだけが残るでしょう。

　したがって私たちは、彼の見え方、感じ方、わかり方を理解し、まず「そうなのだ」と受け止めることからはじめなければなりません。なぜなら、原因は脳の働き方にあり、Ｂくんにいい聞かせてどうにかなることではないからです。その一方で、私たちは、Ｂくんを人が使っているものを横取りしない人に育てていかなければなりません。そのためには、彼の見え方を想像して、それを配慮して、彼にわかるやり方で、彼が受け入れられるところから、導いていく必要があります。これを「合理的配慮」といいます。

　合理的配慮を要する子どもは、昨今では非常に増えています。その代表的な障害として自閉スペクトラム症、ADHD（注意欠陥多動性障害）、LD（学習障害）があります（次頁、Column 参照）。また、場面緘黙症の子どももよくいます。それから、診断名が下りなくと

も、集団生活にむずかしさを抱えるグレーゾーンの子どもが、各クラスに1人か2人はいるような状況になっています。園によっては、もっといるでしょう。彼らを理解するには、おおよその行動の特徴を知っておく必要があります。現場でも、特別支援について数多くの研修の機会がありますが、学生のうちに授業や書籍を通してよく学んでおくことをお勧めします。知識から、おおよその見当をつけ、その子に合った支援を考えていくことはとても大切です。

　一方で、自閉スペクトラム症だから、ADHDだからと、単純にくくってしまうことはよくありません。たとえ診断が下りていたとしても、その子どもは、世界で一人しかいない個性をもった存在です。どんなに人の気持ちがわからないといっても、ほめられればうれしいし、気持ちが合えばうれしいのです。パニックを起こすのは、本当につらいからであり、わからないからです。困っているのは、私たちの世界に近づこうと、合わせようとしているからであり、自分の行動がよくないことも痛いほどわかっています。見え方や感じ方が違っても、心は同じです。

　グレーゾーンの子どもたちの増加と共に、保護者も発達的な齟齬（そこ）に気づいていない場合がとても増えました。何となく違うとは思っていても、そこまで問題とは思っていないことが多くあります。実際のところ、適切な援助をすれは、ほとんどわからなくなることも多くあります。そもそも、診断が下りる下りないにかかわらず、どの人もある種の傾向をもっていて、すべての人が連続線上にいると同時に、世界で唯一の存在でもあります。私たちが、発達障害に関する類型的な知識を手に入れながら、その子どもを理解し、その子どもの見える世界と私たちが見ている世界を橋渡しすることで、彼らは、生きることが楽になっていくでしょう。

◆Column　発達障害における診断名

　障害（精神疾患）を診断する基準の一つに、アメリカ精神医学会が作成するDSM（Diagnostic and Statistical Manual of Mental Disorders）があります。これは、治療を行う人が、明確な判断基準をもとに客観的判断を下すための指針として作成されました。障害児保育では、これに基づいた診断名を使用することがあります。たとえば、2013（平成25）年のDSM-5では、自閉性障害、アスペルガー障害など「広汎性発達障害」と呼ばれていたものが、「自閉スペクトラム症／自閉症スペクトラム障害」という一つの診断名に統合されました。それぞれの障害が別々のものではなく、連続したものであるという見方によります。また、「精神遅滞」という診断名は、「知的能力障害（知的発達障害）」と変更されています。なお、DSM-5は2022（令和4）年に改訂が行われ、「DSM-5-TR」が示されています。

　本書では、わかりやすさと通りやすさを考え、主に「発達障害者支援法」に基づいた文部科学省の表記に従って分類表記をしていますが、専門分野の動向には注意しましょう。

　まずは、よく見られる障害について大まかに説明していきます。これについては、内山登紀夫のシリーズ『あの子の発達障害がわかる本』をもとにしていますので、ぜひ、参考にして学んでほしいと思います（本書 p.136 参照）。

（1）発達障害の特徴

① 自閉スペクトラム症

　先天的な脳の特性による障害です。自分の好きなことに対して、深く集中できる力をもっているため、突出した才能をもっていることも多くあります。特徴として以下の点があげられます。

> ・次に起こることを想像することが苦手なため、「いつもと違うこと」より、「いつものこと」を好む。
> ・相手の気持ちを想像したり、表情を読むことが苦手。人より、物に強い興味をもつことが多い。会話のキャッチボールが苦手。
> ・自分の気持ちを読むことも苦手なため、感情のコントロールがむずかしい。
> ・聴覚、視覚、嗅覚等、感覚過敏がある。

　友達とのやりとりよりも、物や事象に対する興味が強いので、急にいなくなったり、話を聞いていなかったり、受け答えがまったくとんちんかんであることから、友達が違和感をもつことが多くあります。彼らの思いを子どもたちに橋渡ししながら、クラスの一員であることをしっかり伝えていく必要があります。

　また、過敏に物事に反応するせいで、パニックになったり、攻撃的な行動を取ったりすることがあります。予告したり、好きなことに十分にかかわれる場所や時間を確保したりして、できるだけ問題を未然に防ぐことが何より大切ですが、興奮が激しければ、好きなものに目を向けさせ、落ち着ける場所でクールダウンを図ります。静かにパニックを起こしている場合もあるので、要注意です。いずれにしろ、原因を究明してあれこれ説得したり、自分がやられたら嫌でしょうと相手の立場を想像させたり、友達が嫌がることはしませんと、抽象的な言い方をしても理解できません。端的にしてはいけないことを、具体的にしっかりと伝えます。個人差が激しいので、関係機関との連携が大切になります。

② ADHD（注意欠陥多動性障害）

　不注意や多動などを特徴としており、行動をコントロールする脳の働き（実行機能）に偏りがあると考えられています。行動力があって、好奇心旺盛、独創的、表現力が豊かな

面を生かし、社会におけるパイオニア的な存在となることも多くあります。次の、3つの特徴があげられます。

> ● 多 動
>   　座っている場面などで、椅子をガタンガタンと鳴らし続けたり、興奮するとずっと走り回っていたり、高いところに登ったり、じっとしていられない様子がある。
> ● 衝動性
>   　後先を考えずに物を投げたり、目の前の物を全部ばらまいたり、いきなり行動してしまうところがある。待つことができず、並んでいる友達を押したりすることもある。
> ● 不注意
>   　クラスで保育者の話を聞くときなど、目に入った遊具にぱっと反応して手に取ったり、気が逸れやすいところがある。一つのことに集中することが苦手なため、一緒に遊んでいても、すぐにいなくなってしまうところがある。

　園生活を見ていると、とにかく座って食べることや後始末が苦手な様子をよく見ます。どこかに行ってしまってから引き戻すのは、ただでさえやる気がないので、時間のロスが非常に大きいといえます。すべきことから逃げようとする前に、その出鼻をくじくタイミングで注意を向けることがポイントです。たとえば、登園してきたら、すかさず身支度をするように促すとか、食べることに飽きてきて席を立とうとする前に、すかさず援助に入ることが有効です。できないこと、苦手なことを手助けしながら、一連の流れを一定時間で済ませ、習慣づけるようにしていきます。

　思い立ったら自分をコントロールできないので、友達とのトラブルは多発します。本人のコントロールがきかないところでのトラブルは、頻発すると、された子どもはもちろんのこと、した子ども自身も傷ついていきます。いけないこととわかっていてもしてしまう自分が嫌になるのです。ADHD の傾向をもつ子どものトラブルは、できるだけ未然に防ぐことが一番ですが、起こったときにはきちんと集団生活のルールを教え続け、我慢できたときは認めていくようにします。また、してしまったことをきちんと振り返らせ、次はどうすればよいのか、一緒に考えていくことも大切になります。

　言葉は通じますし、いわれていることもわかっているのですが、どうしようもないところで、本人が困っていることが多いため、スモールステップで、できたという気持ちを積み重ねていくことが大切だと思います。興奮して動きが止められないときは、いったん発散できるまで待ったり、一緒に動いて楽しむことが有効であったりします。

③ LD（学習障害）

脳の働きの一部に偏りがあると考えられ、主に、「聞く、話す、読む、書く、計算する、推論する」といった力にばらつきがあって、極端に不得意なことがあります。具体的に、次のような姿があります。

- 「は」と「ほ」など、似たものを区別することが苦手。
- 「ねこ」と「ねっこ」など、音を正しく聞き分けることが苦手。
- 必要な情報を取り出すことが苦手で、聞き逃し、見落としが多い。
- 保育者の話など、注意して聞き取ったり、覚えることが苦手。2つ以上の指示を同時にされたら、覚えられない。
- 手遊びで、歌いながら保育者を見て手を動かすなど、2つ以上の作業を同時に行うことができない。
- 左右、縦横、高い・低いなど、空間をイメージすることが苦手。
- 数字や記号に置き換えて、考えることがむずかしい。たとえば、ビー玉の数を「1、2、3」と数えることができても、「3つ」と認識することがむずかしい。

園生活では、特に一斉指示場面でわかっていないことが多くなります。その意味では、一斉保育場面で特に配慮が必要です。保育者の指示が多くなるからです。聞き取ることも、それを理解することも苦手なところがあるので、個別に言葉をかけていきます。他の子どもの真似をして何とかやり過ごしていることも多いので、個別にきちんと伝えていくようにしましょう。指示が通っていないことに加え、話を聞いていられない姿や、ごっこ遊びについていけない姿、絵を描くときなど、どうしてよいかわからずに困っている姿は、一つのシグナルとしてとらえられます。4歳児になると苦手なことがはっきりしてきますが、そこでていねいに援助すると安心して取り組んでみようとする姿があります。数や形の認知についても、保護者と連携して取り組んでいくと、習得していく姿があります。彼らの得意を見つけ生かしながら、いつでもSOSを出せる環境づくりが大切です。

④ 場面緘黙症

不安症の一つです。家など、他の状況では話しているにもかかわらず、園などの話すことが期待されている特定の社会状況において、話すことが一貫してできない状態をいいます。

入園など大きな環境の変化をきっかけに多く発症し、生まれつきシャイで繊細、気持ちを表現するのが苦手な行動抑制的気質の子どもに起こりやすいといわれています。経験者に理由を質問すると、以下の4つの理由が多いといいます[2]。

・声を聞かれるのが怖かった。

・話そうと思うと、のどがぎゅっとしまった感じになっていた。

・人の反応や他者からの否定的評価が怖かった。

・もともと家以外の場所で話すのが苦手で、何を話せばよいかわからなかった。

　確かに、こちらから見ていても、のどがぎゅっとしまった感じをうかがうことができます。話したいことがあるのに話せない、声が出ない、そんな様子です。問題は、困った場面で助けを求めることができないところです。そのまま何の助けもないと、さらに不安は深くなってしまいます。彼らの表情をいつも気にしておくこと、気楽さをいつも演出すること、自分を出せてきたら、リラックスしてそれを出せるようになるまで、多少のことは目をつぶることがよいと思います。どんなことも平気なんだよ、と伝わることが何より大切です。

　特別な配慮を要する子どもたちを相手にするとき、自分の伝えることが通じないこと、わかってもらえないこと、何度いっても同じことをしていることが多々あるでしょう。そのことで葛藤し、悩むことも多いと思います。しかし、それは彼らの見え方、感じ方、わかり方が、私たちとは少し違うからであり、それは、その子どもたちのせいではありません。保育者には、その見え方、感じ方、わかり方を理解する努力が必要です。第1章で述べたように理解とは自己解釈であり、自分の中にないものは理解できません。ですから、まず彼らを理解する材料を知識として学ぶ必要があります。最近では、特別支援について多くの研修が設けられ、多くの書籍も販売されています。専門家が記す知見や事例から学び、その視点から彼らの姿を理解してみることが大切です。私たちにとって平気なことが、彼らにとっては平気ではありません。怖いものは怖いし、嫌なものは嫌なのです。音が嫌なのも、知らない場所が怖いのも本気です。まずは、そこから出発し、彼らが緩やかに集団生活になじんでいけるよう、手立てを考えていきましょう。

（2）感覚統合に働きかける

　乳幼児期は、脳神経系の発達と共に運動コントロール能力が飛躍的に伸びる時期です。特別な配慮を要する子どもたちは、この育ちにむずかしさを抱えている場合が多く見られます。感覚統合とは、使うために感覚を組織化することです。向かってくるボールを取るためには、ボールを目で追って、ちょうど自分のところに来たときに手を伸ばして、つかむためにその手にぐっと力を入れる必要があります。この一連の動きには、視覚（目で見る）、平衡感覚（ボールを追視する）、固有覚（必要なタイミングで必要な方向に手を動かし、緊

張させる）、触覚（つかんだ感覚を受け取る）がかかわっています。たとえば、ボールを取るという目的をもったら、自ずと一連の感覚をコントロールして働かせることができるのですが、脳をうまく組織化できないとそれがむずかしくなるのです。たとえば、目でボールが追えても、手を伸ばすことができなかったりします。どこに手を動かしたらよいか、わからない場合もありますし、力がうまく込められないこともあります。

　作業療法士の木村順は、感覚統合の問題において、触覚、固有覚、平衡感覚のつまずきに注目しています[3]。触覚が過敏、もしくは鈍くなること、力加減が調整できないこと、筋緊張の働きが鈍く運動が苦手、姿勢が保てない、高いところを怖がる、あるいは高いところに登りたがるなどの特徴的な姿は、これらの感覚によるつまずきと考えられます。このつまずきを乗り越えていく大きな助けとなるのが、遊びを通した多様な運動です。これは、どの子どもにとっても大切な経験です。運動遊びに療育的な視点を取り入れながら、さまざまな感覚に働きかけていく経験が望まれます。

　また、保護者や関係機関との連携もとても大切です。子どもたちの今の理解を共有し合い、共に手立てを考えていくことで、私たちのわからなさも解消されていき、その子ども自身が楽になっていくでしょう。

5 保護者への対応

（1）なぜ、保護者との関係が大切なのか

　子どもの育ちにおいて、もっとも大きな影響力をもつのが保護者です。園や担任保育者に対する保護者の前向きな気持ちが、子どもの健やかな園生活を支えています。ひとたび不信の気持ちが芽生え、それが取り除かれないまま深くなっていくと、園生活に深刻な影を落としてしまいます。

　保護者の立場に立ってみると、我が子も一人、保育者も一人です。それとは対照的に、保育者の側には、たいてい 20 人以上の子どもがいます。保護者にとって相手は一人、保育者にとっては 20 人、この感覚の差はいつも自覚しておく必要があります。保護者との関係は、いつも一対一であること、相手の思いは一人一人異なることを出発点にして、ていねいに対応をしていくことが求められます。その上で、保護者との関係づくりにおいて大切なポイントを確認していきましょう。

① 相手を理解する

　まずは、その保護者が置かれている状況を考えます。フルタイムで働いている、小さな赤ちゃんが下にいる、一人で育児をしている、初めての子どもであるなど、置かれている状況から推察できる心持ちがあります。往々にして、現代の保護者は不安を抱えています。大事な我が子を至らぬ自分のせいで……、と思ってしまうこともありますし、自分の子どものことしかわからないので、この育児が大丈夫なのか大丈夫でないのかよくわからないまま、時間に追われています。また、子ども自体がよくわからないということもあります。発達上、視野も狭く、身体もうまく使えない上に、脳も生育途中の子どもの認知、情動による世界の見え方がわからず、発達的に大幅にずれた投げかけをして、通じずに悩んでいることもあります。「赤ちゃん、子どもってこんな感じ」ということを知る機会をもてないまま子育ての世界に飛び込み、ひたすら愛情だけを頼りに日々奮闘しているのが、今の保護者だといえます。そんな保護者に、「こうあるべき」ということを語ったり、「こうしてください、ああしてください」と求めても、疲れさせるだけです。時間に追われて、共に過ごす時間もままならない保護者では、なおさらかもしれません。大切なのは、共に考える姿勢です。

　まずは、相手の保護者の苦労をおもんぱかり、具体的な悩み、困っていることを知ろうと努めることが、第一歩です。そのためにも、日頃の何気ない会話、特に保育者自身の心が動いたその子どもの姿を具体的に伝える機会をもち、コミュニケーションを円滑にしておくことが大切でしょう。

② 自分でできることとできないこと

　保護者対応のむずかしいところは、なかなか失敗ができないというところです。保護者のもつ不安、心配にどう寄り添えるのかを考えるとき、現時点の自分の力で、それができるのかどうかの判断が必要になってきます。もちろん、対応しながら判断していくことも多いでしょう。その基準は、相手が自分の話を受け入れるかどうか、そして自分にその話題がうまく話せるかどうかです。相手が年上の場合は、むずかしいことも多いでしょう。ちょっと自分には説得力がないと思ったら、まずは、子どもの姿を具体的に話し、あとは先輩保育者や管理職に相談するようにしましょう。また、相手の求めている内容を自分がうまく話せないと思ったときも、先輩保育者や管理職に相談することが大切です。運動発達のこと、基本的生活習慣の自立、情緒の発達に絡むさまざまな事柄について知らないことがあるなら、保護者対応の経験知が高い人を頼ることのほうが確かです。

　結局のところ、適当なことをいわない、ごまかさない、相手の気持ちをまずは受け取るという誠実さが、保護者対応には求められています。

　ただ、保護者がそのような悩みの信号を送ってくれたということは、とても前向きなことであり、喜ばしいことです。むしろ、一人で悩んでいる保護者こそ、支援や理解を求めているのかもしれません。日頃から、一人一人の保護者を知ろうとする姿勢が、何よりも大切になってくるでしょう。

（2）保護者対応の基本

　保護者にとって、保育者は我が子を託す相手です。だから、私たち保育者のことをとてもよく見ています。保育者が信頼できるかどうかについての保護者の評価には、ある一定の基準がありますので確認していきましょう。

① 気持ちのよい挨拶

　物事には、しなくてよいこととしてよいことがありますが、どんなときでもしてよいものが挨拶です。みなさんの中で、挨拶ができない人がいるのはなぜでしょうか。目が合わないから、タイミングが合わないから、緊張するから、邪魔をしては悪いと思うからでしょうか。それとも、挨拶されるのを待っているのでしょうか。挨拶されることで、自分

はここにいてよいのだと思えるのでしょうか。

　みなさんが実習生であれば、保育者たちが挨拶できるかどうか見ています。新人の保育者であれば、保護者が、それを見ています。実は、挨拶できるかできないかは、保育者の評価基準として、とても高いところにあります。それは、なぜでしょうか。

　挨拶は、相手との関係を結ぼうとする意思表示の出発点です。保護者は、若い保育者に多くを求めてはいません。それは、実習生に対する保育者も同じです。求めているものは、やる気です。がんばろうとしている、学ぼうとしている、自分のエネルギーをこの仕事に注ごうとしている、という姿勢を感じられる象徴的ふるまいが挨拶です。目が合わないのは、合わせないからであり、タイミングが合わないと思うのは言い訳です。緊張するなら、イメージトレーニングをしてください。邪魔をしては悪いと思ってしないほうが、デメリットが大きいと思ってください。保護者は、まず、やる気のある人に安心します。みなさんができる、とてもシンプルで大切な行動です。保育者になるなら、できる人になりましょう。みなさんの明るい挨拶が、保護者の気持ちを軽くし、任せようと思ってくれる出発点です。

② すばやい対応

　保護者から問い合わせや相談、質問があったときは、すぐに答えることが鉄則です。むずかしい問題、すぐには答えられないことについては、「主任保育者（あるいは園長）に相談します」「確認を取りますので、少しお時間をください」など、とにかくいったん返事を返します。返事が遅いと保護者の不安、心配、不信が募っていきます。また、事務処理能力があるのか否かの評価にもつながるでしょう。保護者からの投げかけにはすぐに答えるという姿勢に、保護者は誠実さを見ます。決して、そのままにしないようにしましょう。

③ 適当なことをいわない

　憶測でものをいったり、「〜だと思います」など、事務連絡や園のルール、方針などについて適当なことはいわないということも保護者対応の鉄則です。わからないこと、わかっていないことは、いったん時間をもらって確認を取り、確かな情報を伝えるようにしましょう。

④ 先輩保育者や管理職に相談する

　先にも述べましたが、自分が少しでも「困った」と思ったら、すぐに先輩保育者や管理職に相談しましょう。豊富な経験や役職、立場が異なることでスムーズに対応できる場合も多々ありますので、自分一人で無理をしないことが一番です。

（3）保護者との信頼関係を深めていく

　これまで述べてきたことは、保育者として応援してもらえる最低限のことです。保育の
プロとして歩んでいく中では、さらに以下の能力が求められていくでしょう。

① きめ細かな配慮

　園に慣れていない保護者、園にあまり来ることができない保護者は、不安やとまどいも
多くあります。送り迎えや参観のときなど、孤独感が募らないような配慮が望まれます。
また、育児に対する不安が高まっていることもあります。積極的にコミュニケーションを
取るようにして、相手を迎え入れる姿勢を取りましょう。

② 子ども理解の共有と専門性

　保護者に子どもの様子を伝える機会は少なからずあります。個人面談、連絡帳、お便
り、育児相談などがそれにあたります。若い保育者に多く見られるのが、行動を羅列して
伝えるだけだったり、ほめることしかしていないことです。それでは、保育者として何を
どう見ているのか、そこにどのような教育的価値を見出しているのか、そして何を課題と
して保育にのぞんでいるのか、が伝えられていません。保護者の感想には、「先生がうち
の子どもをどう見ているのか知りたい」「ほめてくれているけれど、うちの子どもの課題
も知りたい」「大丈夫です、だけではわからない」というものがよくあります。子どもの
よさをもっと伸ばし、課題を克服していく道すじを見つけていくのが私たちの仕事ですか
ら、それをきちんと言語化して保護者に伝える必要があります。たとえば、次のような形
でしょうか。

● よく見られる記述
　園でよく泣いていることがありますが、すぐに泣きやんで、他の子どもと遊べています。

● 保育者としての理解と手立てが書かれた記述
　たとえば、自分がほしいものが手に入らないとき、大声でよく泣きますが、しばらく
抱っこしていると、すぐに落ち着く姿があります。落ち着いたら、「友達が使って終わる
まで待ってようね」と言葉をかけ、他の遊びを提案すると、すぐに気持ちを切り替えて
友達と仲良く遊ぶことができています。まずは、園で自分の気持ちを表すことが大切で
すから、我慢しないで泣くことができているのは、とてもよいことだと思います。ですが、
これから先は、言葉で自分の思いを伝えられるようになることが大切です。保育者の私
がＡちゃんの気持ちを代弁しながら、言葉でいえるように援助していきたいと思います。

1番目の記述は、ただ行動を羅列して書いたものです。これでは、保育者の子ども理解は伝わりません。これに対して、2番目の記述では、何によって泣いているのかという本人の意図に関する記述と、保育者の援助、回復の仕方、問題のようにとらえられがちな泣くことへの教育的な価値づけ、そして、その出来事にある教育的課題と援助の方向性が書かれています。保育者として、その子どもをどう見て、どう導くのかを伝えられてこそ、プロといえます。それには、日々の子ども理解のていねいさと保育者としての教養が欠かせません。

　保護者は、たいてい自分の子どものことしか見えていません。一方で、保育者はたくさんの子どもの中のその子を知っています。相対的なその子どもの姿を語ることができるのは保育者であり、それが専門性だといえます。保育者の専門的な見立てを通して、保護者は、自分の子どもについての理解を深め、楽になることができたり、子育ての見通しをもつことができるでしょう。

　また、私たちが家と社会で見せる顔が違うように、子どもも家と園では見せる顔が違います。園でしっかりしている子どもが、家ではまったく身のまわりのことをしたがらないとか、家では泣いてばかり、怒ってばかりということもよく聞きます。家での様子がわかることで、園でのがんばりもまた見えてきます。その落差が激しい場合は、園で自分の気持ちを表せるようになることが、大きな課題として浮かび上がってきます。反対に家でよい子にしていても、園では逸脱行動を繰り返す場合は、家では本音が出せていないのかもしれません。そのようなときは、保護者の子ども理解を探り、発達に合っていないかかわり方をしていないか相談に乗っていきます。

　園と保護者が子ども理解を共有し、共にその子の育ちを支えていくことは、保育としてとても大切なことだといえるでしょう。

③ 連携をとる

　家庭と園が、価値観を共有し、同じ方向を向いて働きかけていくことができると、子どもの確かな育ちと幸せにつながります。特に、子どものもつ課題によっては、具体的支援について連携を結ぶことが大事になってきます。たとえば、絵本を読んでもらうのを聞くことが苦手な子どもには、その子どものわかる絵本を家庭でゆったりと読んでもらえると、大きな効果があります。言葉が出ない子どもには、生活の中で意図的な言葉の働きかけをお願いすることもありますし、スキンシップが足りないときには、30秒でもいいから抱っこをする時間を取ってもらったり、何でもない時間を一緒に過ごすようお願いします。もちろん、お願いがしづらい状況の家庭もあります。最初に述べたように、まず働きかける相手を理解することが第一であり、どのように連携できるのかは、それに応じて考えておかなければなりません。

　また、家庭のほうから、健康状態への配慮をお願いされることもありますし、家庭のことで子どもの情緒が不安定であることの心配を知らされることもあります。そのようなとき、保育者は、その子どもが抱えている背景を加味して、保育にあたらなければなりません。

　保護者がよくつらい思いをするのは、保育者からただ問題だけを伝えられることです。保育者は、プロとして、子どもの育ちに責任を負っています。その問題に対して、保育者として自分は何を思っているのか、どう解釈し、どう導いていくのかを語れないうちは話すべきではありません。これといった援助が見つからず、その糸口を探るために、保護者の情報がほしいのであれば、そのように伝えます。

　家にいても、園にいても、その子はその子一人です。家庭と園が子ども理解をつなぎ、適切な連携を取ることが、子どもの確かな育ちにつながっていきます。

Column　カウンセリングマインド

　保護者への対応では、保育者の「カウンセリングマインド」が大切だといわれます。これは、相手をあるがままに受け入れて（受容）、相手の話をよく聞き（傾聴）、その気持ちに寄り添う（共感）態度、心構えをいいます。

　ある保護者と面談をしていたときのことです。悩みを聞いているうちに、その保護者のやさしさを感じ、自然とそれが口に出ました。すると、保護者は、「違うんです」と暗い表情で答えます。さらに話を聞いていて、やっぱりやさしさを感じ、それを口にします。すると、驚くような保護者の悩みが出てきました。2時間ほど、経っていたでしょうか。「そんなことだって、ありますよ。母親なんだから。それでも、○○くんはお母さんのこと大好きじゃないですか」と話したことでしたが、思いも寄らない保護者の話に驚きつつ、自分が感じて伝えていた言葉が、実は保護者の背中を後押ししていたことにも驚きました。次の日、何かがそぎ落とされたような保護者の明るい笑顔を見て、話ができてよかったと思いました。

　専門家のようなカウンセリングができていたとは思いませんが、結果的に、受容や傾聴、共感によって、保護者の気持ちが楽になったのだとしたら、カウンセリングマインドは、保護者への対応に有効な専門的技法だといえるのでしょう。

　担任の保育者では、なかなかまとまった時間を取ることはむずかしいですが、日々のちょっとした機会を通じて、保護者の気持ちをよく聞いて、受け止めて、寄り添うことを意識すると、信頼関係の構築が明るいものになっていくでしょう。

Exercise
演習課題

① 次の事例について、子どもへの対応を考えてみましょう。

　Ａくんは、ときどき、夏休みの預かり保育を利用します。その日の朝は、登園してくると母親のひざにしがみついて、大粒の涙を流します。しかし、することが見つかれば、意欲的に過ごす姿が見られます。それでも、また預かり保育の日の朝は、母親の後ろで大粒の涙をこぼします。そして、すぐに泣き止んで楽しそうに過ごしています。そこで、ある日、遅くまで残っていたＡくんに、話しかけてみました。「ねぇ、Ａくんさぁ、べつに大丈夫でしょ、幼稚園。楽しそうじゃない」（まぁねぇ、という顔をするＡくん）「じゃあさ～、朝泣かなくてもよくない？　あんなに」というと、少し笑みを浮かべ、「だって、嫌な予感がするんだよ～」といいます。「嫌な予感！　嫌な予感って何？」と笑いながらたずねると、「え～、お昼ご飯食べてるときとか、寝るときとか」といいます。「ほ～、何、嫌いなものがあるとか？　食べたくないとか？」「違う、後ろにお化けがいて、見られてる気がする」そして、お昼寝のときは、天井からお化けが見ている気がするといいます。

※Ａくんは、幼稚園に来る前に泣いてしまうのは、昼食の時間とお昼寝の時間に、お化けが見ている気がするからといっています。この言葉に対して、あなたはどのように答えますか？　そして、なぜ、そう答えるのかについても考えてみましょう。

② 次の事例について、子どもへの対応を考えてみましょう。

　3歳児クラスのＢくんは、登園してきて、ままごと棚が目に入ると、全部ばらまくことが日課になっています。また、友達がごっこ遊びを楽しんでいると、いきなり入ってきて、テーブルに置かれたごちそうをぐしゃぐしゃにして落としてしまいます。

対応1

　登園してきてすぐに、ままごと棚のものをばらまいてほしくありません。しかし、ままごと棚が彼の目に入ってしまい、このような行動が起こります。これを防ぐために、あなたなら何をしますか。

対応2

　Ｂくんは、ままごと道具に興味があるけれども、かかわり方がわからないようです。あなたなら、ままごと道具を使った遊びについて、どのように導いていきますか。他の人とも話し合ってみましょう。

＊ままごと棚にあるもの
　なべ、フライパン、皿、コップ、箸、スプーン、フォーク、フライ返し、ごちそう（野菜、果物、ケーキ、ピザ、魚、肉）、小さな布団、座布団、人形、お医者さんセット、ドレス、エプロン、マント、布　ござ、衝立など

対応3

　　Bくんは、ごっこ遊びに興味をもっていて、その場所に参加したいのですが、参加の仕方がわからないようです。次のような場面の中で、あなたなら、どのような対応をして、Bくんの仲間入りを支えますか。考えてみましょう。他の人とも、話し合ってみましょう。

┌─＜想定場面＞─
│
│　　CちゃんとDちゃんとEちゃんが、テーブルにごちそうを並べて、ご飯の準備をしています。小さなお皿をいくつも並べて、その上にケーキやお野菜など、おもちゃのごちそうを思いつくままに置いています。そこへ、Bくんがやってきて、テーブルにとびかかり、全部落とそうとしています。

3 次の事例の子どもについて、保護者にどのように伝えるか考えてみましょう。

　　クラスで絵を描くことに躊躇してしまう4歳後半のFちゃんについて、保護者から心配の声がありました。絵を描くことが大好きなFちゃんでしたが、まわりに人がいると、描けなくなるようです。

※Fちゃんの現状について保育者の見立てと今後の見通し、それに対する援助、家庭で気をつけてもらうこと、あるいは取り組んでもらうことなどを考えてみましょう。

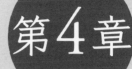

第4章

保育記録と子ども理解

　この章では、保育者の子ども理解を支える保育記録について学びます。毎日が飛ぶように過ぎていく中で、自分にとって意味のある出来事を忘れないうちに記録し、考察したことを明日の保育へとつなげることで、実践の質を高めていくことができます。また、なかなか一般に伝わっていかない保育内容の可視化を進める、さまざまな記録法についても紹介していきます。

1 子ども理解を支える保育記録

（1）保育記録の意義

　20人前後の動き回る子どもと生活を営み、遊びを展開し、適宜一斉保育を取り入れていく保育者は、常に多忙感に襲われています。保育中に、熟考する時間などありません。多方面から同時にさまざまな援助を求められ、また自分から見出し、てんやわんやの時間を過ごしています。熟考する時間がないということは、直観および即時の判断で動く必要があるということです。飛ぶように流れる毎日の中で、何を考えて、何をねらって、どのような思いで子ども理解と援助をしたのか、していないのか、そもそも覚えていないというのが現実です。その日、80％覚えていても、次の日には半分に減っており、そのあとは、ほぼ思い出せないでしょう。

　保育は、どこまでも行き当たりばったりでできてしまうところに怖さがあります。何がやりたくてそれをしているのか、なぜ、そうしたのか、そんなことを深く考えずとも、時間は過ごせてしまいます。実際、園庭にいるとき、腕組みをして子どもの様子を見ているだけとか、立ち話に興じて子どもを見ていないという現場が少なくないということは、非常に残念なことです。しかし、それは保育ではありません。

　時間が飛ぶように過ぎていき、ほとんど忘れてしまうという危機感が、多くの保育者を保育記録に向かわせます。保育記録を通して、子どもの行動を思い返し、何があったのか、そこにどんな意味があるのかを問い直します。同時に自分の行為を振り返り、そこに保育としての価値を見出したり、「もっとこうすればよかった」と反省したりして、明日の保育を構想していくのです。

　記録には、さまざまな方法があり、目的によって使い分けることが有効です。この章では、保育者の内省を促すエピソード記録、保育マップ型記録と、他者に保育を開き共通理解を促すドキュメンテーションなど、さまざまな記録方法について紹介していきましょう。

（2）エピソード記録

　保育のある場面について、内省を促す記録です。具体的でまとまりのある記述が根拠となって、教育的な意味や価値を見出すことに役立ちます。同時に、悩みやわからないこと

を自覚することにも役立ちます。記録を見てみましょう。

記録 1　悩んだエピソード
混在するごっこ遊び（4歳児クラス）

　最近、Dちゃん、Gちゃん、Pちゃんたちの猫ごっことEくん、Lくん、Yくんの昼寝ごっこがままごとコーナーで行われているが、特に2つの遊びがつながる様子もなく、別々の遊びが同じ場で行われている。そのためか、ままごとコーナーに人や物が多く、混雑しているように思う。特に自由に使えるように置いてあった布などすぐに散らばり、ごちゃついているため、環境を整えてみようと思うが、いまいちわからず、そのまま放置してしまう。遊びは子どもたち同士でなりきったり、ごっこ遊びのやりとりや生活する流れなどを楽しんでいるので、私自身は他のごっこ遊びや製作コーナーのほうに入りっぱなしになっている。

　子どもたちのやりとりや遊びを見て、どんなものがあればより楽しくなるか、どういうふうに環境を整えればよいかなど、環境構成にむずかしさを感じることが多い。

　今後、ままごとコーナー周辺のごっこ遊びの様子を見て、配置を少し変えたり（昼寝スペースの場所を変える等）、布を少し減らしてみたりなど、いろいろと環境を考えながら、実践してみたい。

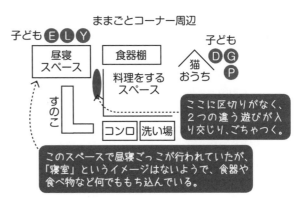

　このエピソードを書いたのは、保育2年目の保育者です。この悩みの主な原因は、イメージの異なる遊びが同じ場所を使っていることによって、遊んでいる子どもたち自身が、何をしているのかだんだんわからなくなるということにあります。物が散らかれば散らかるほど、イメージの残骸がごっこ遊びの世界の邪魔をしてその場はカオスとなり、最後は場所ごと捨て去られるという、ごっこ遊びにはよくある現象です。そこで、以下のようなアドバイスをしました。

・昼寝ごっこと猫ごっこの人間関係とイメージがはっきりするように、何か仕切りを使って空間を分けるようにする。
・そこで、昼寝ごっこが楽しんでいる昼寝の動きや、猫ごっこが楽しんでいる料理をする動きが際立つよう、物の配置（洗い場、コンロ）を変える。
・保育者が遊びの仲間になって、このようなそれぞれの場の環境を調整する。そして、子どもたちが楽しんでいるイメージに乗りながら、遊びを楽しむ動き方（モデル）を示すようにする。

手応えのあったエピソード

遊びがつながり、メリハリができたおうちごっこ（4歳児クラス）

　先日の保育の反省を生かし、ままごとコーナー周辺の昼寝ごっこと猫ごっこの環境を見直した。下図のように、昼寝スペースと双方の遊びが混在していた食器棚周辺の料理をするスペースの間をすのこ板の仕切りで区切り、出入口をつくって、それぞれの遊びが別の場となるようにした。

✓ **変えた環境**

・昼寝スペースの角度を変え、双方の遊びが混在していた料理をするスペースとの間に境をつくる。

・昼寝スペースの前に小さめのじゅうたんを敷き、寝室をつくる（掛け布団は、子どもたちが自由に布をもってくる）。

・洗い場、コンロの位置を変える。

・布の量を減らす（主にオーガンジー素材の布を減らした）。

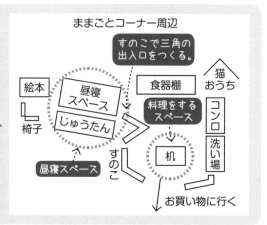

　また、昼寝ごっこをしている子どもたちの中に、保育者も入れてもらい、「眠たくなったから寝よう」のタイミングで、昼寝スペースとの間の出入口から入っていき、そこで寝るモデルを見せると、そこから子どもたちも寝るときは昼寝スペースで寝ようと部屋を上手に出入りする姿が見られた。環境を変えた結果として、これまでは昼寝ごっこと猫ごっこのまったく別の2つの遊びが同じ場で行われていることで、物がごちゃつき、2つの遊びがつながることはなかったが、今回、昼寝ごっこの寝るスペースでは昼寝、猫ごっこで料理をつくるスペースでは料理と、どこで何をするかが明確になり、それぞれの遊びにつながりも出た。たとえば、猫ごっこの子どもも寝るときは出入口を通って昼寝スペースに来たり、料理をするときは昼寝ごっこの子どもも出入口を通って、猫ごっこの机の上でというメリハリができた。

✓ **考　察**

　前回まで、まったく別の2つの遊びに境がなかったため、布や食器などの物がごちゃついていたが、場を分けたことによって（今回は1つのお家で2つの部屋というイメージ）、その場に合った遊び道具を子どもたちが選んでもってくる姿があった。そのため、物がごちゃつくことなく遊びが進んでいったのではないかと思う。ただ、今回はいつも昼寝ごっこを一緒に楽しんでいるLくんとYくんが別の遊びの場にいたので、また2人が入ってきたときには、遊び方が変わるかもしれない。様子を見ながら保育者も仲間に入れてもらい、役割が生まれるような投げかけをしたり、いろいろと試していきたい。Eくんは、昼寝したり絵本を読んだりしていた。

保育者は、アドバイスに従って、昼寝ごっこと猫ごっこに境界線を設け、さらに出入口をつくって出入りできるようにしました。昼寝スペースの角度を変えたり、コンロと洗い場を境界線よりも遠ざけたりすることによって、それぞれのイメージに沿った動きが際立って見えます。また、カオスの原因となっていた布の量も減らしました。これによって、自分たちが自分たちで何をしているのかわかる環境になったのです。それが、やりとりを生みました。これまでは、それぞれがしたいことをしていて、相手のことを気にしていなかったのでしょう。自分も、お隣さんも、何をしているのかわかるようになったことで、それぞれのイメージに興味をもつかかわりができました。

　解決策が見つからず悩んでいた保育者でしたが、この事例を通して自分が参加者になることで援助できるということがわかったようです。アドバイスしたときは、「仲間に入って？」と意外そうな表情でした。この成果は、次のエピソードにもつながっていきます。

記録 3　手応えのあったエピソード
お買い物に行く人が増えるように（4歳児クラス）

　最近、子どもたちの中で、いろいろなものやごちそうをつくりたいという創作意欲がとても出てきていて、自分たちでつくったものをお店に出したいという思いから、部屋の中にお店が続々と開店している（ピザ屋、花屋、アイス屋、ラーメン屋、たこ焼き屋）。だが、せっかく子どもたちがお店を開いても、お客さんになるのは保育者が多く、子どもたちは自分のしたい遊びがあり、それに夢中になっていて買いに行くことはあまりないことが少し悩みだった。今までは、「おいしそうなお店が開いたみたいだな」「なんだかいい匂いがしてきたな」など、大げさにリアクションをしてお店が開いたことを子どもたちに気づいてもらえるように投げかけていたが、そこまで効果はなかった。

　それで今日は、子どもたちの遊びの中に入り込み、仲間の一員になってから、お店に気づいてもらう言葉がけをするようにしてみた。たとえば、お家ごっこをしている子どもたちに対してだったら、寝る起きるの生活の流れを子どもたちと一緒にしてから、「朝ご飯を食べよう！」と投げかけ、「あんなところにおいしそうなラーメンを売ってるよ」とお店に気づき、買いに行きたくなるよう促してみた。そんなふうに同じ遊びをしている仲間の一員になってみてから投げかけてみると、乗ってくれた。

✓ 考察
　お客さんになるのが、保育者の場合が多いということが悩みだったが、今日のかかわり方を今後も続けていくと、他のごっこ遊びをしている子どもたちも、ご飯を食べる時間などの、そのごっこ遊びのタイミングで、保育者が投げかけなくても買い物に行くという流れが生まれてくるのかなと思うので、今後も続けていきたい。また、隣のつき組さんをお店に招待したり、逆にこちらが買いに行かせてもらうなどの交流が少し出てきているので、それをこれから積極的に子どもたちに提案してみて、これからは買い物ごっこも盛んになるようにしていってみたいと思う。

　エピソード記録を通して、「仲間の一員になって子どもの遊びを支える」という援助の
スキルを手に入れている様子が見て取れます。エピソード記録を書くときに重要なことは、
誰がどこで何をしていたのか、それに対して、自分はどう思っているのか、何をしたのか
など、具体的に書くことです。それによって、出来事の因果関係を考えることができ、考
察がしやすくなります。また、他者にもわかる出来事として、アドバイスがもらいやすく
なります。この記録の有効性をまとめると以下のことがいえるでしょう。

> ・自分の悩んでいることが、何かわかる（自覚できる）。
> ・子どもの具体的な様子を書いているので、他者が共有しやすい（アドバイスしやすい）。
> ・子どもの具体的姿とその意味を考えることで、子ども理解が深まる。それによって、次
> 　の手立てを考えることができる。
> ・自分の援助も記録に起こすことで、援助の妥当性が見えてくる。
> ・援助の有効性を自覚することで、次につながる（援助の引き出しが増える）。

　実習生に、実習日誌としてこの課題を投げかけてみたところ、上であげたような効果を
実感したようでした。同時に、エピソードとして起こすことがとてもむずかしいともいっ
ていました。多くの情報の中から、一つの筋を見出すことがむずかしいようです。それだ
けに、書くことができた内容は実感を伴うものとなるでしょう。ある実習生は、自分で選
んで書くので、見えたことが定着するといっていました。保育に筋を通して、その出来事
の価値や意味、援助の根拠を見出すこと、それがエピソード記録の利点だといえるでしょ
う。

（3）保育マップ型記録

　保育マップ型記録とは、クラスにおいて同時多発的に展開されている遊びを理解して
いくための記録です。たとえば、写真のような状況が、毎日起こっているでしょう（本書
p.107 〜 108、資料1、資料2参照）。保育者は、受けもつすべての子どもに責任を負ってい
ますので、彼らの今を理解し、その実態に応じた環境の構成や援助をしていかなければな
りません。その保育者の思考を助けてくれるのが、保育マップ型記録です。実際の記録か
ら、その有用性について考えてみます。
　資料3（本書p.109参照）と資料4（本書p.110参照）の記録からわかるように、保育室に
複数の遊びの場が展開しています。保育者は、一枚の紙に、展開されている場所を示し
ながら、そこでの遊びの内容を記録しています。資料3のお店屋さんごっこに着目して、
この記録を読んでみます。まず、お家ごっこで遊んでいたN香ちゃんが遊びから抜けて、

○資料1　保育室

保育室　物と人と場所が連動して、意味ある
出来事が同時多発的に展開する。

隣の2歳さん
をご招待

ままごとコーナー
そのときのイメージによっ
て、仲間も様相も変わる。

製作コーナー
製作を楽しむ。できた物をもって、
新たな場をつくり、ごっこ遊びを
楽しんだりする。

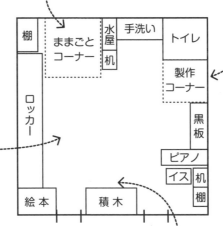

```
┌──┬─────┬──┬───┬───┐
│棚 │ままごと│水屋│手洗い│トイレ│
│  │コーナー│  ├───┴───┤
│  │     │机 │       │
├──┤     └──┤  製作   │
│  │          │コーナー  │
│ロ │          ├───────┤
│ッ │          │     黒板 │
│カ │          ├───┬───┤
│ー │          │ピアノ│    │
│  │          ├───┤    │
│  │          │イス │机 棚│
├──┴────┬──┴───┴───┤
│絵本     │積木        │
└──────┴──────────┘
```

空いた空間
あるときにはダンス、ある
ときには、射的、手押し
相撲、ドーナツ屋さんに
なる。

積木の場
積木を使って、自
分たちの空間を形
づくる。

ビー玉

○資料２　園庭

園庭　多様な遊びが同時進行で展開する。

※）パウダー状の粒子の細かい土。目の細かいふるいにかけてつくる。

さら粉※）づくり

馬跳び

ターザンロープ

コマ

泥遊び

ブランコ

竹馬

ダンス

テラス　花壇　保育室

水道　砂場　スロープ　花　花

ブランコ

西門　木　山　花　水道

田　畑　藤棚　東門

ドッジボール

南門　砂場　登り棒　大型遊具

虫取り　大縄跳び

虫探し・お世話

どろんこ工場

虫取り　大型遊具と隠れ家

色水

うんてい　鉄棒　泥遊び

○資料3　遊びの様子 （保育マップ型記録：4歳児クラス保育室）

※Ⓟ：保育者

5月12日（金）　　　　　　　　　　　　　　　　　　○年度　若草幼稚園　○組（担当：○○）

ままごと（お家ごっこ）

（N香、R美、B子、C恵、S菜）がエプロンを身につけ料理をしたり布を布団にして寝る、起きるなど一日の流れを楽しんでいる。途中、（N香）がポップコーン屋さんになる、と言って場を出た事で、ポップコーン屋さんとのやりとりにもつながった。

☆布を使うことを楽しんでいるが散乱してゴチャゴチャになりがちな為、役になって入りながら整理していく。

戦いごっこ　Y斗、D也、A太、K介、F良、U司、M真

製作コーナーでそれぞれがアイテムを作って身につけたり、持って戦っている。作っている物がみんな違っており、使っている材料も違っていて面白い。
（F良）箱・ヤクルト、（Y斗）箱、（D也）新聞紙・折り紙、（M真）ヤクルト容器・ラップの芯、（U司）マントをつける、（K介）ラップの芯・ダンボール板、（A太）箱・ダンボール板
誰かと同じ物を作りたいという所から、自分なりのお気に入りアイテムを試行錯誤する様になっている。

☆色々な素材・材料を用意する。

（A音）ポップコーンを作りたいと言って友だちが作っているものをマネて作る。
お花紙を束ねて丸めていたので、一枚ずつ取って作る様、見せて伝えていく。色んなものを作りたい、という意欲があるが、材料をどの様に使ったりどう作ってよいのか分からない姿がある為、Ⓟが様子を見てA音の作ってみたい物が作れ、作った物に満足感が持てる様関わっていきたい。

製作コーナー（戦いごっこ・お店屋さんのアイテム作り）

戦いごっこのアイテムはそれぞれが色々な材料で試行錯誤して作り、欲しい材料があるとⓅにこんな物がないかと聞きに来て、イメージに合ったものを選んで作っている。

※アイスクリーム屋さんをしたい子どもたちの為にⓅが色画用紙でコーンを作って置いておく。
（B子、N香）
初めはお花紙を何枚も丸めてアイスにしていたので、新聞紙を丸めてお花紙で包むとお花紙が少なくすむことを伝え作り方を提案する。後から来た子どもたち（F実、J紀、K奈）初めに作っていた友だちの様子を見て作っている。出来たアイスを置く所がないとの事だったので、箱に穴をあけアイスを立てられる様にする。
初めは一色ずつのアイスだったが、徐々に1つのアイスに二色使ったり、2段アイスにするなどの工夫もでてきた。
（B子、N香）が積木でアイス屋さんを作り、ポップコーン屋さんとアイスクリーム屋さんが開店するが、売る事よりも作る事を楽しんでいる様子で、もっと増やしたい、という所で片付けになる。

☆作った物をためていき、作る事に満足した頃、売るやりとりを楽しんでいく様にする。

見取り図

手洗い　トイレ
水
ままごとコーナー
戦いごっこ
製作コーナー
ロッカー
絵本
お店屋さん
ピアノ
積木　イス　机

ポップコーン屋さん・アイスクリーム屋さん

（N香）がポップコーン屋さんがやりたいというので、まずは店作りを提案。今週続いているあそびなのでN香が積木でお店の空間を作っていく。
作っていたポップコーンを並べお店が完成したが、その様子を見て（B子）がアイスクリーム屋さんを作りたいと言い、（N香）も一緒に作ると製作コーナーへ。

お集まりの時

お花屋さん・時計屋さん・ドーナツ屋さん・ジュース屋さん・ケーキ屋さんも作りたいとの声。

☆まずは、色々な物が自分たちで作れるという事を経験していきたい。

○資料4　1週間後の遊びの様子 （保育マップ型記録：4歳児クラス保育室）

※㊿：保育者

5月19日（金）

○年度　若草幼稚園　○組（担当：○○）

お家ごっこ

（C恵、R美、N香、B子）がユニコーンや猫になるアイテムを身につけなりきってあそんでいる。お店屋さんで買ってきたものを、ダンボールを冷蔵庫に見立てて出し入れして机に並べたり、布を布団にして寝たり、起きたりする事も楽しんでいる。

☆ダンボールを冷蔵庫に見立てているので、冷蔵庫作りを提案してみる。

（D也、G人、M真、Y斗）お店屋さんで買ってきたものを食べる場を作り、買ってはこの場に持ってきて食べている。

その後……
（Y斗、G人、D也、A太、K介、A音、U司）お店屋さんが下火になり、戦いごっこが始まる。製作コーナーで自分の必要なアイテムを作る。

※お店屋さんの品物は㊿が片付け、中央が広く使える様にする。お店屋さんの積木も元に戻す。
戦いごっこの子どもたちが積木で自分たちの場作りを始める。戦うだけだった動きがみんなて場を作る動きになり、その中で自分の役を楽しんでいる。

お店屋さんの品物作りや戦いごっこやお家ごっこで必要なアイテム作り。

☆新聞紙、ハート（自分で切って作れる様折り紙に線を引いておく）を用意。

☆お金を作る際、自分でペットボトルのふたなどで型をとれる子もいるので、やり方を伝えたり、㊿が丸型を書いた紙も多めに用意しておく。

クッキー屋・ハート屋・プリン屋・ゼリー屋

（K奈、J紀）がクッキー屋とハート屋さんを始めようとするが、どこにしようか悩んでいた。いつもの場所は他の店でいっぱいだった為、▨▨の場を提案する。店は積木で作り、以前作っていたハートを並べ、クッキーは製作コーナーで作り始める。ダンボール板とお花紙、ペットボトルのふたを組み合わせ、中にチョコレートが入っているクッキーを表現していて面白い。
（N香）がカップアイスを作った事がきっかけで、ゼリーとプリンを作る動きがでてくる。作りたいものができるとまずは看板を作る、という事が子どもたちの決まりの様になっている。お店を開くうえで必要なものというものが分かってきている。
（K奈、J紀、N香）は作ること、売る事を楽しみ、（F実、S菜、M真、F良、T汰）はお客さんになる事を楽しむ。まずはお金を自分で準備できるよう提案。㊿が丸を書いた紙を渡し、自分で切って準備する。（F実、S菜）はさいふも作っている。
（T汰）はお買い物をする事が楽しく、もっとお金を作りたいと自分で丸を書いて作っている。どうすればお金が作れるのかが一度㊿が見せた事で分かったのではないか。

[図：保育室の配置図。ままごとコーナー、ゴザ、ロッカー、積木、手洗い、水、トイレ、製作コーナー、絵本、ピアノ、イス、机]

ジュース屋・ポップコーン屋・アイスクリーム屋・地球グミ屋

（Y斗、U司）がアイス屋・地球グミ屋を始めた事で（A太、E織、A音、K介、G人、D也）もポップコーン・ジュース屋を開く。誰がどこの店というのはなくみんなが交代で色んな店の店員を楽しんでいる。ままごとコーナーでお家ごっこをしている子どもたちも買いに来て、あそびがつながっていく。

☆売りたい子どもたちがいるのにお客さんがいない時には㊿がお客さんになり、売る事が楽しめる様にする。

ポップコーン屋さんをはじめました。そこへ、Ｂ子ちゃんが来て、アイスクリーム屋さんをやりたいといいます。それにＮ香ちゃんも乗って、２人は製作コーナーでアイスクリームをつくりはじめます。その様子を見たＦ実ちゃん、Ｊ紀ちゃん、Ｋ奈ちゃんもつくりはじめました。その後、Ｎ香ちゃんとＢ子ちゃんは、元の場所に戻って、アイスクリーム屋さんをはじめます。保育者は、２人のアイスクリームづくりの工夫を読み取りながら、今は、「売る事よりも作る事を楽しんでいる」と理解し、「作った物をためていき、作る事に満足した頃、売るやりとりを楽しんでいく様にする」と援助の見通しをもっています。

　保育マップ型記録の特徴は、遊びの流れと共に展開されている場所をマップとして表し、クラス全体の遊びの様子が一目でわかるようになっていることです。「誰が、どこで、何を使って遊んでいるのか、何を楽しんでいるのか」という遊びの読み取りは、保育者の援助を導き出す重要な情報です。この保育マップ型記録は、Ｎ香ちゃんの場所の移動が一目でわかるように、子どもの姿を動態としてとらえることができます。

　保育者は、個々の遊びの様子だけでなく、Ｎ香ちゃんの動きから立ち上がってきたお店屋さんが他の子どもにどのように影響を与えているのかについても記録しています。たとえば、Ｎ香ちゃんがお家ごっこの仲間を抜けてポップコーン屋をはじめたことで、やりとりができたことや、Ａ音くんがポップコーンに興味をもってかかわろうとしている姿に着目しています。

　また、お集まりの時間には、お店屋さんに触発されて、「お花屋さん・時計屋さん・ドーナツ屋さん・ジュース屋さん・ケーキ屋さんも作りたい」という子どもたちの意欲を感じ、「まずは、色々な物が自分たちで作れるという事を経験していきたい」と、この時期の発達を見通したねらいをもっています。３歳児のときは、まずはふりのやりとりを楽しめるように市販のおもちゃで遊んでいた子どもたちでした。この子どもたちの意欲から、次のステップ、すなわち自分たちでごちそうをつくって遊ぶという４歳児としての共通の課題に向かう足掛かりになると、保育者は考えているのです。

　保育マップ型記録を理論化した河邉貴子は、次のように述べています[1]。

　　第一に幼児の遊びがモノや空間の影響を受けている事への理解が促進されること、第二に幼児の志向性を「個別性」と「共通性」という二重構造で読み取るようになること、第三に複数の同時進行の遊びのどこに今関わるべきか、援助の優先性の判断を促すことである。この記録をとり続けることによって、保育者は「時間軸と空間軸」「個別と全体」といった複眼的視点で幼児を理解するまなざしを獲得することができ、援助がより適確になることが期待できる。つまり、保育者の専門性を深めることへとつながるのである。

　資料3の一週間後、資料4の様子を見てみましょう。資料4では、自分たちでごちそうをつくって遊ぶ姿が広がって、多くのお店屋さんが展開しています。「ダンボール板とお花紙、ペットボトルのふたを組み合わせ、中にチョコレートが入っているクッキーを表現していて面白い」と書かれているように、さまざまなごちそうづくりが展開されているようです。

　一週間前はつくることを主に楽しんでいた子どもたちでしたが、遊びの広がりと共に、お店屋さんの場所も増え、売る、買うという友達とのやりとりも楽しんでいる様子があります。仲のよい友達と、食べる場所をつくってお店で買ったものを食べていたり、お家ごっこの子どもたちが買いに行ったり、「お買い物」を楽しむ子どもの姿など、遊びのつながりが記録されています。

　また、どの子もまず看板をつくってお店屋さんをはじめる姿に着目し、「お店を開くうえで必要なものというものが分かってきている」とその育ちを読み取っています。

　このようにして、保育マップ型記録はクラスの遊び全体を俯瞰（ふかん）してとらえ、『「時間軸と空間軸」「個別と全体」といった複眼的視点で幼児を理解する』[2]ことができる専門性の高い記録法だということができるのです。

　河邉は、記録する内容について以下の5点をあげています[3]。

> ア　幼児の言動から「遊びのどこに面白さを感じているか」「何を経験しているのか」などの指向性を読み取ろうとしていること。
> イ　その際「他者との関係」「物・空間などの環境との関係」を視点にしていること。
> ウ　幼児の志向の延長上に「次に必要な経験は何か」を読み取ろうとしていること。
> エ　その際、それぞれの遊びの関係性を空間俯瞰的に視野に入れ、関係性が顕在化していれば書き込むこと。
> オ　これらの理解の上で導き出される「保育者の願い」と、それに基づく援助の可能性が示されていること。

　このようにして書かれた記録は、資料3から4へと子どもの遊びが続いていることからもわかるように、その先の保育へとつながっています。現実に展開されているクラスの遊びに対する、具体的な保育者の見通しや願いが書かれたこの記録は、子どもの実態から立ち上げる指導計画としての役割も果たしているといえるでしょう。

　この記録は、経験年数が25年以上のベテランの保育者のものです。最初から誰でもこのような記録を書けるわけではありません。河邉は、12年にわたる自身の保育記録の分析から、『保育キャリアを積むに従って、理解の視野が「個」→「遊びグループ」→「遊びグループ間の関係」→「学級集団の方向と遊びグループの関係」というように拡張して

いった』と述べています[4]。

　保育マップ型記録は、一斉保育中心の園や子どもが刹那的に動き回る無意図的放任保育の園では、複数の遊び場が機能していないので書くことができません。その意味で、質の高い遊び保育の試金石ともいえる記録です。書くことで、自分の考えを客観的にとらえることができ、大事なことを再確認できます。また、迷っていること、見えていないところもよくわかりますし、反対になかなか、ねらいや願いが書けないこともあります。とりあえず、今は様子を見ておこうというスタンスのときもあるでしょう。この記録は、自分の子ども理解の今を知ることができ、保育をメンテナンスしていくツールとして働きます。今後、保育者の専門性を表す記録法として、求められていくものだと思います。

（４）保育を開くその他の記録

　子どもの発達にとって、「遊び」はとても重要な活動であるにもかかわらず、未だ保護者層や一般の人に、理解を得られないのが現状です。それは、学びの成果を数値化したり、特定の技能を成果として示すことがむずかしいためでしょう。そこで、遊びや生活の中で、子どもが何を学んでいるのか、どこにねらいや学びがあるのかといった保育の中身を具体的に伝えること、すなわち遊び保育の可視化の必要性が叫ばれるようになりました。そこで、ドキュメンテーション、ポートフォリオ、ラーニングストーリーといったさまざまな記録法が、多くの保育現場で取り組まれるようになっています。これらの記録法は、第三者との共有に重きが置かれていますので、文字だけでなく、写真、音声、動画などと組み合わせ、より具体的にわかる工夫がされています。特に写真は、文字の内容が一目見てわかることが多いので、多くの園が導入しています。

　「ドキュメンテーション」とは、個人の記録というより、園の取り組みの記録を指すことが多く、写真や文字を通して、そのときどきの保育内容を可視化していくものです（資料5）。掲示板に貼って伝えたり、ホームページを使って配信したり、さまざまな園の工夫が見られます。

○資料5　ドキュメンテーション
保護者に活動を知らせる

つき組だより

2023.5.25(木)

お店屋さんごっこが大人気

　ポップコーン屋さんから始まり、色々なお店屋さんが開店しているつき組。積木でお店を作り、品物も看板も保育者の少しの援助だけで自分たちで作り上げていきます。何だって自分たちで作ることができるんだ！という自信に満ちた子どもたち。次はこれを作りたい！とアイデアがどんどん出てきています。お店が開店すると、猫やヒーローもお買い物にきます。作りあげていくことの充実感を感じたり、友だちとのやり取りを楽しんでほしいと思います。

鬼遊び

　園庭では氷鬼やドロケイを元気いっぱい楽しんでいます。初めは
ルールが分からなかった子どもたちも、繰り返すことで理解し楽し
むようになりました。捕まることが嫌な子どもたちがいましたが、捕
まっても友だちが助けてくれることが分かると、捕まることが嫌では
なくなりました。「○○君助けて!」と徐々に声も出てくる様になりま
した。周りをよく見て、声を出して友だちとコミュニケーションをとっ
たり、ぶつからないようによけることなど、鬼遊びを楽しみながら身
についていくようにしたいと思います。

色々な音遊び

　今年度は耳を使って楽しむ活動を取り入れていこうと考えてい
ます。すくすくの森で目をつぶって耳を澄まし、どんな音、何の音
が聞こえるかを楽しんだり、竹を叩いて音の違いを感じたり、先
日はイタドリやタンポポの茎、カラスノエンドウを使った笛に挑戦
しました。タンポポとカラスノエンドウはとても難しかったのです
が、イタドリは保育者よりも子どもたちの方が上手に吹けるよう
になっていました。また、糸電話でも遊び、紙コップから聞こえる
相手の声にみんなとても驚き、表情がパーっと輝いていました。
これからも色んな音を楽しんでいきたいと思います。

遊びを伝えるドキュメンテーションの一例

　「ポートフォリオ」とは、もともと芸術作品の完成品に至るまでの作品集という意味を
もっており、教育現場では個人の記録として用いられています。特に、個人の成長の履歴
として積み重ねていくことを大切にしています。

　「ラーニングストーリー」とは、ニュージーランドで生まれた記録法であり、テファリ
キと呼ばれるナショナルカリキュラムに位置づく学びの証として、保護者、子ども、保育
者に共有されていく記録です。

　このところ、保育の可視化に注目が集まり、自分の保育のための自分の記録についての
意味が薄くなっている傾向があります。他者に公開する記録は、踏み込んだ課題や自分の
反省を表すことがむずかしくなります。どの記録においても、事実を意味づける思考は必
要ですが、目的に応じて柔軟にさまざまな記録法を使っていくことが望ましいと思います。

　たとえば、気になった場面を掘り起こして見つめ直したいとき、誰かにアドバイスをも
らいたいときにはエピソード記録を使い、日々の遊び保育のメンテナンスには保育マップ
型記録を使う、そして、保護者に園の様子を伝えたいときは、ドキュメンテーションを使
い、個別に育ちを伝えたいときは、ポートフォリオやラーニングストーリーを使ってみる
などして、自分の保育を言語化していくことが、自身の専門性の向上だけでなく、保育界
全体の底上げにもつながっていくと思います。

2 子ども理解と指導計画

　指導計画とは、保育についてあらかじめ計画を立てておくことをいいます。長期指導計画として、全体的な計画や教育課程、年間指導計画、月間指導計画があり、短期指導計画として、週日案があります。週案と日案に分けている園もありますが、最近は週日案として立てている園が一般的です。特に新人保育者にとっては、焦りや準備不足などを軽減してくれる大事なツールです。まず、具体的な週日案から子ども理解と計画のつながりを見ていきましょう。

（1）週日案と子ども理解

　週日案は、前週の子どもの姿から予想される遊びと長期指導計画の流れから投げかけたい活動を計画し、その日の反省を通して次への見通しを立てていくものです。どの園でも、各年齢の発達を促す上で、必要な、妥当な、よりよい活動が園の文化として、取り入れられているはずです。次頁の資料6の週日案には、運動コントロール能力を育てる多様な運動への着目から、固定遊具のボルダリングや走り跳びが計画されています。この保育者の場合は、ベテランなのであえて書く必要がないのだと思われますが、歌の指導などは、新人の保育者にとって抜けがちな分野のようです。どの園でも、だいたい月の歌というものが設定されています。設定から解放されている園もあるかもしれませんが、保育内容の表現において、とても大事な位置を占める歌は、教えないと歌えません。そのために、保育者は、歌詞がわかっていなければなりませんし、メロディーも覚えておかなければなりません。さらに前もってピアノ、あるいはギターなどを練習しておく必要があります。しかし、気がつくと、あと回し、あと回しになって、結局、歌を楽しむ機会を取れないでいることが少なくありません。保育は、業務内容が多岐にわたるため、常に自分をメンテナンスしていくことが大切です。料理の献立のように、一週間という枠組みで、自分の保育を構想し、再構成していくことは、とても大事なことです。

　この構想を支えているのが、子ども理解です。子どもの意欲によって展開していく遊びは、いつ盛り上がって、いつ衰退するのかは未定です。盛り上がりそうと思えば、それが叶う準備をしますし、もう、終わりそうだなと思えば、次の楽しめる教材や環境はないかと考えます。資料6の週日案では、11月中旬の作品展に向けて、「さまざまな感触を楽し

○資料6　週日案

若草幼稚園　令和4年度　3歳児　うさぎ組　10月第4週　　週　日　案

		10月24日（月）天気（晴）	10月25日（火）天気（晴）
先週の子どもの姿		保育室では廃材製作で車や船をつくる子どもたちが出てきたことで、興味をもってつくる子どもたちが増えてきたので、スペースを取っていた既製のおもちゃの車などを取り除き、つくったもので遊べるようにしている。パーツも細かいものを用意することでそれぞれがいろいろな工夫をしてつくることができている。　　戸外ではしっぽ取りをしたり、大型遊具でオオカミごっこや、サメごっこなどの鬼遊びを楽しんでいる。先週から作品展に向けて絵の具遊びも始めた。好きな色を選び、絵の具の感触を手の平や指先で楽しんだり、色のまざりを楽しんでいる。その際に感触を言葉で表現したり、温かい、冷たいなどの感覚に気づく子どもたち、見立てを楽しむ子どもたちと、それぞれが楽しみながら取り組んでいる。	
予想される遊び	内容	戸外：乗り物・大型遊具・砂、泥、水遊び・虫探し・色水遊び・かけっこ・忍者試験・しっぽとり 室内：積み木（道路づくり）・ままごと・ブロック・製作・お医者さんごっこ	戸外：乗り物・大型遊具・砂、泥、水遊び・虫探し・色水遊び・かけっこ・忍者試験・直線リレー 室内：積み木（道路づくり）・ままごと・ブロック・製作・お医者さんごっこ
	★環境構成 ○援助	★しっぽとりの環境をつくる。 ★製作コーナーに丸、三角、四角のダンボール板や、ペットボトルの蓋を多めに用意する。 ○つくったものを置いて帰り、友達のつくったものを見て、自分もつくってみたいと思えるようにする。	★直線リレーの環境をつくる。 ○保育者も一緒に走り、流れをつくったり、応援して走っている子どもたちの気持ちを盛り上げていく。
生活・課題活動	内容	絵の具遊び 忍者試験（ボルダリング）	小麦粉粘土遊び
	★環境構成 ○援助	★保育室奥（手洗い場の近く）に座卓を出し、絵の具、和紙、画板を用意する。 ○絵の具の感触など、子どもたちの声に耳を傾けながら、感じたことを共感したり、詳しく聞きながら製作を進めていく。	★保育室にブルーシートを敷き、机を6台くっつけて置く。 ○小麦粉のサラサラの感触を楽しんだ後、水を少しずつ加えていくことで感触が変わっていくことを楽しめるようにする。 ○こねる・丸める・伸ばす、ちぎる、などいろいろな動きができるようモデルとなって見せていく。
反省・評価		運動会後、年長児のリレーで使っていたバトンへのあこがれもあり、走ることをたくさん楽しめるよう直線リレーをやってみた。すぐに遊び方がわかり、繰り返し走ることを楽しんでいた。バトンを使うということも年長児になった気分が味わえてうれしいポイントだったと思う。始める際に子どもたちにやってみない？と誘ってしまったが、保育者がバトンをもって走っていると興味をもった子どもが自然と参加したのではないかと反省した。引き続き朝の環境に出していきたい。	小麦粉粘土遊びでは、サラサラからベチャベチャ、ネチョネチョ、ムニムニなどといって感触が変わっていくことを楽しむことができた。粘土がまとまってくるといろいろな形にしてパンやアイス、団子等いろいろな物をつくることを楽しんでいた。保育者がいろいろな動きをモデルとしてやってみようと思っていたが、子どもたちのほうから伸ばす、つぶす、丸めるなどいろいろな動きが出ていたので、それをまわりに伝えていくようにし、友達のしていることを真似てやってみるという動きが出た。

※「資料6　週日案」の指導案部分にあたる「予想される遊び」や「生活・課題活動」はあくまでも予想される活動や遊びのため、実際に子どもが活動や遊びを行ったあとに記載される「反省・評価」の記述内容が、指導案の活動や遊びと同じ内容とは限らない。また、「反省・評価」には、すべての活動について記録できないため、特に記録しておくべき内容を記載している。

担任　○○○○　　　　所属長印

◎ねらい・内容	◎生活の中で、自分でできることは自分でしようとする。 ・むずかしいところは保育者に手伝ってもらいながら、自分でやろうとする。 ・友達の姿に刺激を受けて、身のまわりのことを進んでやってみようとする。 ◎保育者や友達とかかわって遊ぶことを楽しむ。 ・友達と同じものを身につけたり、同じ場で遊んだりしながら、やりとりやフリを楽しむ。 ・自分の思ったことやしたいことを言葉や態度に出しながら、相手に伝えようとする。 ◎自分のつくりたいものを楽しんでつくる。 ・感触を楽しみながら、イメージをふくらませてつくることを楽しむ。 ・自分の作品を見てもらったり、友達の作品を見たりすることを楽しむ。 ◎身近な自然に親しむ。 ・草花や虫の変化に気づき、秋の自然に触れる。 ・触れたり、匂いを嗅いだり、耳を澄ませることでいろいろなことを感じ取る。	家庭との連携 ・連絡ファイル ・クラスカード ・電話連絡 保健・食育・安全への配慮 ・手洗い　・うがい ・水分補給　・着替え ・アレルギーの確認 ・消毒

10月26日（水）天気（晴）	10月27日（木）天気（晴）	10月28日（金）天気（晴）
戸外：乗り物・大型遊具・砂、泥、水遊び・虫探し・色水遊び・かけっこ・忍者試験・直線リレー 室内：積み木（道路づくり）・ままごと・ブロック・製作・お医者さんごっこ・小麦粉粘土	戸外：乗り物・大型遊具・砂、泥、水遊び・虫探し・色水遊び・かけっこ・忍者試験・直線リレー 室内：積み木（道路づくり）・ままごと・ブロック・製作・お医者さんごっこ・パン屋さんごっこ	戸外：乗り物・大型遊具・砂、泥、水遊び・虫探し・色水遊び・かけっこ・忍者試験・直線リレー 室内：積み木（道路づくり）・ままごと・ブロック・製作・お医者さんごっこ・パン屋さんごっこ
★昼食後、小麦粉粘土で遊べる環境をつくる。（座卓） ○子どもたちのイメージに合わせて必要なものを準備したり、必要な役になって遊びを支えていく。——→		★藤棚横に巧技台とマットを用意 ○忍者試験に消極的な子どもたちを誘って挑戦できる様にする。
誕生会	すくすくの森	忍者試験（走り跳び）
○誕生会の流れを話し、楽しみにして誕生会に参加できるようにする。 ○誕生児が自信をもって舞台で名前がいえるよう、行く前に練習をしてから向かう。 ○舞台に立つことに不安がないか様子を見ながら視線を送ったり、傍にいて安心できるようにする。	★森の中の各地点（池、竹林、わんぱくの森、しゃしゃぶ広場）のコースを回りながら、いろいろなものに触れてみる。 ○いろいろなものに触れながら、感触を言葉に表していくことで、子どもたちも言葉にしていけるようにする。 ○子どもたちの発見や発話に耳を傾け共感したり、まわりに伝えていく。	★平均台とゴムを用意 ○術の説明と見本を見せ、繰り返し挑戦できるようにする。片足で踏み切ることができない子どもたちは保育者が手をつないで走ってきて、跳ぶときに少し手を上に引っ張り上げ跳ぶ感覚をつかめるようにする。
小麦粉粘土を昼食後の遊びの環境に出すようにした。すぐにパン屋さんごっこが始まったため、コック帽を提案しつくることでなりきって遊ぶことができた。パンができてくるとK美がベンチを運んで売る場所をつくり、つくる場と売る場を分けていた。看板もつくりたいといって貼り、他の子どもたちもお皿を運んできたりお金を用意するなど、必要な物をそれぞれが準備して遊びを進めていくことに成長を感じる。	今日はいろいろな物を触りながら森を散策した。森へ行く前に保育者はゴツゴツやプニプニを探すと話すと、子どもたちもトゲトゲやポニョポニョを探すとはりきっていた。森では積極的にいろいろな物に触れていき、これはフワフワ、これはツルツルなどと今までにないくらいいろいろな物を触り、いろいろな言葉が出てきていて、感触を楽しんでいる姿を見ることができた。また、竹を触っているときに棒で叩いている子どもたちからはトントン、コンコン、カンカンなどと音も言葉で表現する子どもたちが出てきていた。	K美、M菜が積み木で車をつくっていたがパン屋さんごっこが始まるとパン屋さんに行ってしまい車がそのままになっていたのでパン屋さんが開店したときにその車に乗って保育者が買いに行くことで積み木とパン屋がつながった。Y太が運転手になりたいといって運転手になったり、パン屋さんは自分のつくったものを買ってほしくて自分のパンを一生懸命アピールしたり、N紀がアイス屋さんになったことから車で行くところが増え、動きややり取りが増え遊びが盛り上がった。

む」というねらいを３歳児クラスでもっており、その週（10月第4週目）のねらいとして、「自分のつくりたいものを楽しんでつくる」という願いが立てられ、内容として「感触を楽しみながら、イメージをふくらませてつくることを楽しむ」という内容が押さえられています。その流れで火曜日に「小麦粉粘土遊び」を活動として投げかけており、この活動での子ども理解が、次の日の遊びへとつながり、さらにパン屋さんごっこに発展していく様子が見て取れます。

　この他、最近、鬼遊びが盛り上がっていないから、水曜日あたりにクラス活動で入れてみようと考えることもありますし、栽培物が育ってきたから、より注目できるように投げかけていこうなど、長期指導計画において、その時期のねらいとされていることと前週の実態把握が、その週の保育課題を生みます。保育に見通しをもち、経験してほしい活動が抜けないためのメンテナンスをすること、子ども理解に基づいて、一日一日を流れで押さえていくこと、それが週日案を書く意味だといえるでしょう。

（2）保育における指導計画の特色

　保育には、全国共通に定められた学習内容はありませんので、園の文化や地域性、環境条件が、指導計画には色濃く反映されています。海や森がすぐそばにある園もあれば、大都会の駅近くの園もあるでしょう。音楽に力を入れている園もあれば、伝承遊びに力を入れている園もあります。それに応じて具体的な保育の内容は変わってきます。具体的な内容がいろいろと違っていても、幼児期に育みたい３つの資質・能力（「知識及び技能の基礎」「思考力、判断力、表現力等の基礎」「学びに向かう力、人間性等」）に向かっている点では違いありません。

　したがって、それぞれの園で立てられている長期指導計画は、それぞれの園で培ってきた子どもの姿を園の理念や方針から解釈し、まとめたものだといえます。過去の子どもの姿を見通

しとして計画に置いているのです。その意味では、その園の子ども理解の集大成であるともいえます。

　一方、短期指導計画は、日々の子ども理解がベースとなります。先に述べた保育マップ

型記録では、現在の子どもの姿から次の援助の見通しが記録されていました。また、「ま
ずは、色々な物が自分たちで作れるという事を経験していきたい」（本書 p.109、資料 3
参照）など、4 歳児学年としてのねらいにかかわる援助の見通しも記録されていました。
日々の子ども理解の見方、考え方の背景には、長期指導計画の流れが横たわっています。
日案、週案の反省が長期指導計画に影響を与え、長期指導計画が日案、週案を立案する枠
組みとなり、子ども理解の視点を与えます。したがって、週日案から園の全体的計画まで、
すべての指導計画は連続線上にあり、相互にかかわり合っています。そしてどの計画も、
子どもの実態に応じて改善されていく必要があります。

　子どもは時代と共に変化しています。特に大きな変化といえば、特別な配慮を要する子
どもの増加と運動能力の低下です。運動能力が低下していない時期に立てられていた計画
で、今の低下している子どもたちを導こうとすると無理が生じます。新たな局面に立つと、
これまでの子ども理解の枠組みでは、理解しきれないことが多く出てきます。そうすると、
課題に関連するさまざまな専門的知見を新たに取り入れていく必要が出てきます。それが、
子ども理解の新たな枠組みとなって働くからです。たとえば、自閉スペクトラム症を理解
するとき、その専門的知見をもっているか、いないかで大きく違い、それによって援助も
変わってきます。理解とは自己解釈であるならば、その解釈枠を深め、広げていく努力が、
専門職として求められるのです。

　実際のところ、今はまだ学生のみなさんが園の全体的計画を立案することなど想像でき
ないでしょう。まずは、実習などの保育の場で一日の流れを頭に入れ、日々の記録を取り、
記録から明日を試行錯誤し、やってみたことの手応えを積み重ねていくことからはじめ、
徐々に視野を広げていくとよいでしょう。

Exercise
演習課題

 1 次の内容に従って、エピソード記録を書いてみましょう。

- ・題名をつける　　　　・その出来事を選んだ理由
- ・具体的な様子（いつ、だれが、どこで、何をしていたか）
- ・そのエピソードについて、感じたこと、考えたこと

エピソード記録の例 「ハラビロカマキリと格闘して」

（選んだ理由）私にとって、カマキリを克服する契機となった出来事だったから
　ある日、家で洗濯物をたたんでいると、中にハラビロカマキリが紛れ込んでいた。洗濯物をもち上げていた手を引っ込める。私は、カマキリに噛まれた経験と、つまんだら思わぬ角度から鎌で攻撃され、他の人が無理にはがそうとして、首を引っ掻かれたことがあり、見ると痛さを連想してしまう。（中略）結局私は、そのカマキリをつかんで、無事引っ掻かれることもなく2階から庭に放し、彼は飛んでいった。攻防の時間は、およそ20分弱というところだった。

> **感じたこと、考えたこと**
>
> 　この日を境に、私の中のカマキリ＝痛い＝触るときは躊躇するという連鎖が克服されたようだった。引っ掻かれても噛まれても、あまり痛くないイメージが広がり、普通につかめる。なぜそうなったのかはわからないが、この時間が克服の大きな契機だったことは間違いない。カマキリと二者間の世界に没入したことがよかったのだろう。子どもたちにも、こんな自分だけの特別な時間をもってほしい。

2 次の内容に従って、ドキュメンテーションをつくってみましょう。

- ・写真を撮って、選ぶ　　　　・題名をつける
- ・その写真が何を表しているのか、具体的にコメントする
- ・そのコメントに合わせて、その出来事の価値（読み取ってほしいこと）を書く

ドキュメンテーションの例

「葉っぱってすごい」
　近くの公園で拾った葉っぱを、顕微鏡で見てみました。肉眼では見えない葉脈の細かさや組織が見えて、面白くてたまらない様子です。このあと、何人もの子どもが自分で見つけた葉っぱを顕微鏡で見ていました。子どもの驚きの声や食い入るように見ている様子から、自然物の魅力と好奇心の強さを感じました。

※子どものことでなくても、家族旅行や友達とのショッピング、サークル活動などを題材にしてもよい。

第5章

保育の質が左右する子ども理解と援助

　この章では、保育の質、主に活動内容によって、子ども理解の質も異なるということを考えていきます。そこから、質の異なる子ども理解がクラス運営にどのようにかかわっていくのかを考えます。また、自分の子ども理解をいかに相対化し、その妥当性を高めることができるのかについて、園の同僚性の視点から考えていきます。

1 保育の質と子ども理解

（1）遊びと子ども理解

　乳幼児期の中心的な学習の場として位置づけられている遊びの大切なところは、子どもに選択権があることです。したがって、遊びにおける子ども理解の大きな情報は、「何を選ぶのか」「なぜ選ぶのか」です。そこに、一人一人の子どもの意欲や願い、人間関係を見ることができます。毎日毎日、うんていの練習をしているAちゃんの手が豆だらけになっているのを見て、「何か手応えや希望を感じているのだろう」という今の状態を感じ、「うまくなりたいのだ」という意欲を読み取り、「粘り強い子だ」という彼女自身の強みを見出します。また、他児とのかかわりが少なく、一人、物づくりに集中しているBちゃんが、ままごとで遊んでいるCちゃんとDちゃんとEちゃんの様子を時折じっと見ている姿を見て、「仲間に入りたいと思っているのではないか」と感じ、そのための援助の方向性を考えたりします。

　つまり、遊びから見える子ども理解は、園の生活の中で、もっともその子どもらしいパーソナルな情報を得られる場だといえます。うんていができるようになりたいというその子どもの思いを実現することの、何がよいのでしょうか。Bちゃんが、友達の仲間入りをすることが、なぜよいのでしょう。それは、その子どもがそれを望んでいると考えられるからです。そこに教育的価値を見出すことで、援助が生まれます。というのも、遊具を自分が使いたいからといって、横取りすることは望んでいようが認められません。

　「うんていができるようになりたい」と思うことは、すばらしいことです。そして、それが自分で選んだことだから、なおのことすばらしいのはなぜで

しょうか。保育者や保護者にいわれて、「練習しなければならない」「できるようにならなければならない」と思って取り組むよりも、その時間が、おもしろくて、楽しくて、悔し

いからだと思います。それは、その子どもがその子どもの時間を生きているということです。Bちゃんだって、望んでいない友達とのかかわりの機会をもつことよりも、あの子どもたちと遊びたいという思いが実現するほうが幸せでしょう。一つ一つの行為が、ダイレクトに自分自身に響くこと、これが遊びのもっとも大切な教育的意義だと思います。だからこそ、保育者はその子ども自身の願いがよい方向に叶うよう手助けする役割を担っているのです。

（2）一斉保育と子ども理解

　それでは、一斉保育では子どもの何が理解できるのでしょうか。第2章でも述べましたが、一斉保育は、保育者が活動内容を決めて、リーダーシップを発揮する活動ですから、遊びとは対照的に子どもが選ぶものではありません。そうすると、子ども理解の内容は、保育者が決めた活動内容と子どもの関係です。その活動に意欲的であるのか、その活動が得意なのか苦手なのかについて理解できることになります。

　遊びは、基本的にその子どもがしたいことしかやりませんので、発達を促す上で足りない経験が出てくる可能性があります。園の環境が乏しければ乏しいほど、そうなってしまうでしょう。はさみが5歳になるまで使えなかったり、両足ジャンプができないまま卒園を迎えるということにもなりかねません。したがって、期に応じて発達にふさわしい、あ

るいは必要な活動、たとえば、描画、造形、歌、手遊び、ダンス、ゲーム、鬼遊びなどを取り入れていくことはとても大切なことです。一斉保育では、その時期の子どもにとってふさわしく、必要な活動に対する意欲、技能についての子ども理解が得られます。これは、就学してはじまる科目別の一斉授業を受ける子どもたちを支える上で、重要な視点であるといえるでしょう。

　遊びでは、その子どもがその子ども自身の時間をつむぎ、そこで得る学びの手伝いをするために子ども理解があります。そして、一斉保育では、発達上必要とされる活動に対するその子どもの意欲や技能についての子ども理解を得ることができます。このことはつまり、一斉保育ばかりの生活をしていたら、保育者は、その子どもの心と身体が一致した動きから、その子ども自身を理解することはむずかしくなることを示しています。同時に、その子どももまた、自分で決めて動くことがむずかしくなるでしょう。以前、一斉保育中心の園から転園してきた子どもがいました。その子どもは、自由な時間に何をしてよ

いかわからず、最初のうち、ため息ばかりついていました。片づけの時間は、することがあるので、むしろ生き生きとします。そんな彼が、最初に興味をもったのは、花壇の小さな虫たちでした。花壇に出てくる虫を図鑑で調べることが楽しくなり、覚えることが得意で、どんどん名前も覚えるので、いつしか博士と呼ばれるようになりました。そして、室内の遊びでは、折り紙が得意になりました。これも、また名人と呼ばれるようになりました。そのようなところから、人間関係が広がり、好きな友達と遊ぶことができるようにもなりました。無気力に、ため息ばかりつく彼を傍目（はため）で見て、心配の日々でしたが、まさかこれほどの探究心があるとは、うれしい驚きでした。心が動き、身体が動くことが、子どもにとってもっともふさわしい時間なのだということを痛感した出来事でした。

　遊びという時間で理解できることと一斉保育という時間で理解できることは違います。それは、そのまま保育の質の問題につながることを、ここで心に留めておきましょう。

（3）クラス運営と子ども理解

　クラス運営とは、円滑にクラス単位で園生活が営めることをさします。それが顕在化する場面が、保育者がリーダーシップをとって、一斉に活動する場面でしょう。昼食をはじめとする生活場面や課題活動がそれです。クラス運営には、目に見える部分と見えない部分があります。目に見える部分とは、子どもが保育者のリーダーシップに応じている状態です。目に見えない部分とは、一人一人の子どもと保育者の心のつながりです。目に見える部分ができていても、そこに心のつながりがなければ、いずれ、ほころびが出てきます。登園を渋ったり、活動に対する消極的な態度や拒否感を示すことがあるでしょう。また、保育者が休むなどして別の人に変わると、あっという間に崩れてしまう様子も見られます。

　第3章の「保護者への対応」（本書p.93〜98参照）でも述べましたが、子どもにとって保育者は一人です。しかし、保育者にとって子どもは複数いるために、クラス全体の活動場面では、子どもを一人一人としてとらえるよりも、「みんな」としてとらえがちです。ところが、「みんなにいっているだけで、ぼくにはいってない」と思う子どもは、少なからずいます。そんな子どもは、保育者のいうことを聞いていません。どのようなときでも、やさしく目を合わせたり、名前を呼んだりして、一人一人に語りかけている雰囲気づくりが大切です。また、手遊びなどもそうですが、子どもとの応答性をできるだけ増やして、「先生とみんな」のやりとりの楽しさを高めていくとよいでしょう。

　保育の仕事は、複数の子どもを相手にしながら、クラス全体を安定した状態へとメンテナンスすることにあります。ですから、小さなほころびは、たくさんあります。そこで落ち込んで自分自身の保育の至らなさを問うよりも、メンテナンスが必要な信号だと受け取って、進んでいくとよいでしょう。よい状態を保つということは、小さなほころびから

逃げない態度や心持ちによって叶います。

　保育者のリーダーシップのもとで、外れていく子ども、端的にいえば、いうことを聞かない子どもに対し、保育者はある種のストレスを抱えます。物事がスムーズに進まないこと、それによって計画が崩れてしまうこと、活動ができなくなることは、保育者を不安にさせます。このようなときの保育者は焦っています。そして、もっとも即効性をもつ手立てを使ってしまうでしょう。それが、注意です。罰を与えるようなことをいってしまう人もいるかもしれません。問題は、注意するか、しないかにあるのではありません。保育者のその行動の背景に、どのような子ども理解があるかです。たとえば、その子どもが耳で聞いて理解することが苦手だったり、2つ以上の指示は処理できない子どもだとしましょう。その困り感が「外れる」という形で出ているのだとすると、注意するという行為は、妥当ではありません。その子どもの「わかる」をどう支えることができるのかを考えることが先決です。

　クラス運営において、外れる子どもがいると、その起こった場面だけで何とかしようとしてしまいがちです。その子どものなぜに思い至らぬまま、問題を解決しようと注意すればするほど、それは単なる「否定」と受け止められ、子どもとの心理的な距離は離れてしまいます。

　リーダーである保育者のいうことを聞きたいクラス、保育者のいうことがわかるクラス、保育者に「嫌だ」ということができるクラスが、よいクラスだと思います。その中身は、保育者が一人一人の子どもをまるごとわかりたいと思うまなざしで見ていること、その保育者のまなざしを一人一人の子どもが感じているということです。これまで述べてきたように、保育者がリーダーシップをとる活動は、その活動のフィルターを通して子どもを理解します。つまり、歌はどうか、着替えはどうかという理解の仕方です。ここでは、子どもが何を選んで、どのように活動していくのかという、一人一人の子どもの主体的なまなざしと行動を理解することができません。主体的な世界では、その子どものやりたいことがあり、その子どもがやりたくてもできないことがあり、その子どもができるようになりたいと思ってがんばっていることがあります。それを保育者が理解し共感し援助することは、子どもにとって何よりうれしいことでしょう。そうして育まれる信頼関係が、クラス運営を支えていきます。

　新人や経験の浅い保育者の多くは、保育に正解を求めてしまいがちです。自分のしていることは間違っていて、正解が他にあるのではないかという漠然とした不安、何をどうしてよいかわからない不安を乗り越えるのは、その子どもがわかりたいと思う知的好奇心と試行錯誤です。活動の内容によって、理解できる内容は違います。さまざまな場面を通して、トータルにその子どもを理解していこうとする姿勢が、円滑なクラス運営の鍵を握っているといえるでしょう。

2 子ども理解を支える同僚性

　人を理解するということは、自分のものさしで相手の言動を解釈するということですから、わかることには限界があります。これについて、自分のキャパシティを広げることで乗り越えていく道もありますし、対象について多くの文脈性を手に入れることで確かなものにすることもできます。そして、他者の見方を取り入れることで、新たな気づきや修正がもたらされることもあります。

　自分の思い込みを超えて、子ども理解の妥当性を高めていくことは、保育者にとって大切な営みです。そこに、職場の同僚性は大きな意味をもっています。具体的にいえば、対話があること、さらにいえば、対話の質が建設的であること、この2つが叶えば、保育はとても楽になるでしょう。ここでは、その具体的な取り組みを、紹介します。

（1）日々の対話

　保育は、とても忙しいものですから、保育中に深く考える時間はありません。また、深く考えるといっても、若い保育者の場合は、その材料を多くはもっていないですし、迷いも多いことでしょう。特に、子どもを大切に思うあまり、自分の至らなさを深く考えすぎてしまうこともあります。自分が間違っているから、子どもの育ちを阻んでいるのではないか、という不安です。そうすると、保育をすることがつらくなってしまうでしょう。

　まず、子どもは保育者との一対一の刺激で育っているわけではありません。基本的には保護者の深い愛情があり、その基盤の上で、園の文化に包まれて生活します。その園の環境の中でどのような経験をしているのかが、まず育ちの大きな意味をもちます。遊びの中で、運動に力を入れている園、自然体験に力を入れている園、音楽に力を入れている園、一斉保育が中心の園、課題保育を行わない園と、本当にさまざまです。

　その環境の中で、保育者と子どものかかわりが生まれます。一人一人の保育者の試行錯誤が保育を形づくっていきますから、何が「正解」なのかは、誰にもわかりません。あるのは、さしあたり「妥当」というものでしょう。そこで大事になってくるのが、「わからない」「違和感」「手応えがない」という自分の感覚です。園長でもある筆者の立場からいえば、それはとても喜ばしいことです。「わからない」がわからないことのほうが大変ですし、自分のしていることに違和感を察知できることや手応えがないと感じられることは、

試行錯誤する力があるということであり、問題解決の出発点に立っていると思うからです。

　しかしながら、自分の実践力を上げていくのにもっとも大切なことは、手応えをつかんでおくことです。なぜなら、保育者の保育者らしい、保育に合ったふるまいは、「過去の効果を見込みの目標へと変換すること」[1]によって、洗練されていくからです。そこで、自分の手応え、すなわちうれしかったことやよかったことと、一人で抱えてしまいそうな出来事を、とにかく外に開いていくことが大切です。

　ある園では、新人保育者が「振り返りノート」というものを作成し、それをペアの先輩保育者にコメントしてもらうという取り組みをしています。そこでは、以下の3点を簡潔に書くようにしたそうです。

> ・やってよかったこと、楽しかったこと
> ・こうしたらよかったな、という反省
> ・明日はこういうことがしたい、という課題

　このように、まず保育の手応えを書くことでやりとり自体も明るくなり、新人の保育者が感じる楽しさのポイントを知ることができてよかったと記されています[2]。自分の感じているよいこと、わからないことを同期の保育者につぶやくことからはじまり、組んでいる保育者や先輩保育者と話す、園長に相談する等、とにかく自分を外に開いていく努力をしましょう。そうすることで、保育が楽になりますし、より確かな子ども理解の道が開けていくでしょう。同時に、園としても、そのような対話が成り立つ時間の余裕、気持ちの余裕をもたらす環境づくりと同僚性の質を上げていく仕組みづくり（園内研修等）の工夫が求められています。

（2）子ども理解を深める園内研修

　保育には、必ず「うまくいかない」と感じるときがあります。その中身は、だいたい次のようなものです。

> ・何をしてよいかわからない
> ・手応えがない
> ・自分の援助が通じない

　何か問題があるとわかっているのだけれど、どう接してよいかわからないとき、自分の投げかけを相手が受け止めていない感じ、合っていない感覚、そして、自分の援助が拒否されてしまうこと、このようなときに、保育者は「うまくいかない」と感じます。これらはすべて、子ども理解につながっています。自分の援助の問題を考えるよりも、そもそも、

その援助が何を根拠に、どのような子ども理解のもとで導き出されているのかを問うほうが大事なのです。

「うまくいかない」というループは、どの保育者も陥ることです。そのようなとき、常に子ども理解に立ち戻ることを園の風土とするために、複数の保育者で考え合うことが有効です。毎日接している自分のほうが、その子どものことをわかっているとは必ずしもいえません。理解とは自己解釈ですから、たくさんの時間をその子どもと共有していたとしても、自分の見えるものしか見えていないのです。保育歴1年目の保育者と保育歴6年目の保育者では、見え方も見方も違うでしょうし、同じ場面を見ていたとしても、ある保育者はその子どもの集中力に着目し、ある保育者は、その子どもの手先の器用さに着目している場合もあるでしょう。

以下の事例は、園内研修を通して、一人の子どもを多角的な視点で掘り下げてみること、そのことによって新たな気づきを手に入れることを目的として取り組んだものです。

事例15

葛藤する姿の背景にあるもの（5歳児クラス）

感情の起伏が激しく、ときには手がつけられない状態になってしまうKくんについて、外部講師の指導のもと、みんなで話し合ってみることになりました。次頁資料7のように、子どもの名前を真ん中に置き、その子どもの行動や特徴について思いつくままにすべて書き出してみました。これをマインドマップといいます。まずは、4人の保育者でそれぞれ書いてみて、それを照らし合わせてみます。

そこで、講師から、彼の相反する姿を見つけ出してみようと投げかけがありました。導き出されたのは、次のような姿です。

> ・自分中心で遊ぶ姿、調和して遊ぶ姿の両方ある
> ・好きなことには集中、それ以外は集中できないこともある
> ・強いところと弱いところ両方ある
> ・穏やかなところと激しいところ両方がある
> ・気になる遊びには積極的、苦手な遊び（製作）には消極的
> ・正義感があるときとわがままなときがある

このような姿の具体的場面を考えてみます。場面に戻って考えてみることで、相反する姿の背景に、同じ要因が潜んでいる可能性があるからです。たとえば、苦手な製作場面では、テープが切れなかったり、物をそろえてつけることができなかったりする姿があり、思い通りにいかないとイラッとする姿が見えてきました。また、「集中できない」と保育者がとらえている場面は、お集まりのときです。遊びでは、自分が仕切りたい気持ちが強く、ルールを自分で決めて動かそうとするので、頻繁にトラブルが発生します。

○資料7 マインドマップ

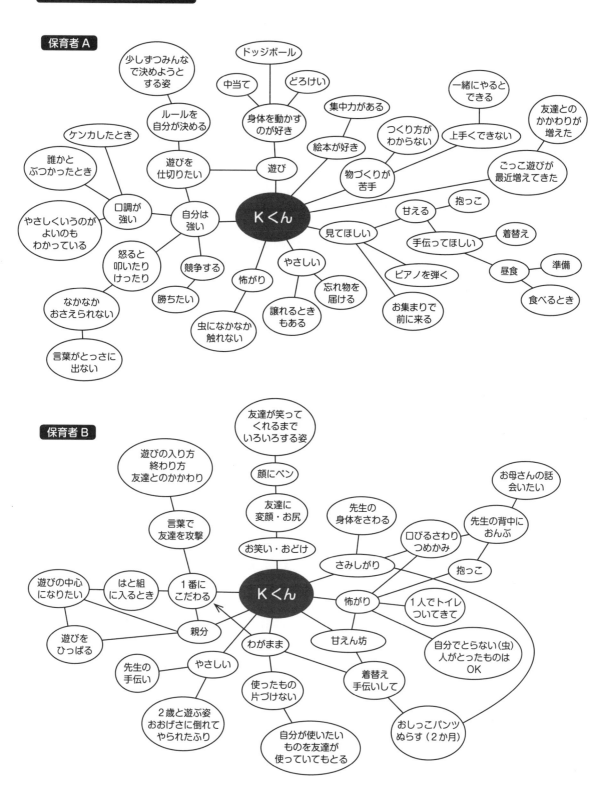

　このような話し合いの中で、講師からこの子どもの「認知」はどうなんだろうという問いかけがありました。そのとき浮かんだのが、思い出して語ることがとても苦手であることと、ごっこ遊びの仲間入りができない彼の姿でした。たとえば、3歳児のときでしたが、何かトラブルがあったとき、誰が、どこでなど簡単なことを問いかけても、なかなか思い出して答えることができない姿がありました。これは、物事の因果関係をつかむことが苦手で、それゆえに時間の可逆性がきかない（振り返ることができない）ことがかかわっています。また、ごっこ遊びに入りたくて、そこで遊んでいる子どもたちがもっているもの、たとえばビー玉を手には取るのですが、まわりをウロウロして終わってしまうこともありました。

　思えば、似たような姿が頻繁にあります。これは、その遊びに流れている暗黙のルール（みんなが「ここ」と決めている出発点からビー玉を順番に転がして、どこまで行くのか楽しむこと）がわからないからだと考えられます。これは、その場の状況を物事の因果関係でもって理解できるか、否かにかかわっています。ごっこ遊びは、特にその力が必要です。そうすると、自分がわかるルールをつくりたくなる、誰でもよしとするわかりやすい「正義」を盾にしたくなる、そして、言語中心のお集まりはつらくなるというわけです。製作中にイラッとするのも、自信のなさを刺激されているからかもしれません。筆者が一緒にいたとき、涙をこぼしたこともありました。

　また、「こうしたら、こうなる」という物事の因果関係が読み取りづらいと、未来の出来事に対するイメージをもつこともむずかしくなります。人は、どうなるかわからないことには、「不安」をもちます。彼は、それが強いのでしょう。それが、虫を極端に怖がる姿とつながっています。また、いろいろなことに不安が大きいからこそ、「見てほしい」「甘えたい」という気持ちが強いのだと考えられます。同時に、下の子にやさしかったり、忘れ物を届けたりする姿から、ちゃんとしたい彼の思いが伝わってきます。講師の問いかけである「認知」の問題を通して彼の行動を考えてみると、驚くほど、すべてがつながっている気がしました。

　やさしいときもあるけど、わがままなKくん。相反する姿の背景には、「わからない不安」があるのではないかという仮説をもって、彼を見ていこうということになりました。また、感情のコントロールがむずかしい面をもっているので、不安や怒りが暴発する前に、いったん落ち着かせて、いうことを聞き入れられる体勢にもっていくことが大事だということになりました。そして、彼には状況をわかりやすく説明すること、先をイメージできる言葉がけ、「〜してから、〜しよう」など、個別に伝えることを増やしていこうということになりました。

　後日、ドッジボールをしていたときのことです。Kくんがボールを3つ使うというルールを入れて、次々と友達に当てていく場面がありました。運動神経のよい彼の独壇場です。ま

わりの子どもたちの表情がどんどん引きつっていき、とうとうNちゃんが泣きながら、その場にいた私に「嫌だ」と訴えてきました。そこで、いったんゲームを止めて、話し合うことにしました。実は、Nちゃんだけでなく、みんながボール3つは嫌だと思っていることがわかると、Kくんは強いショックを受けて、「もういい！」と怒りはじめました。そこを担任の保育者が受け取り、ゆっくり彼の気持ちを聞き出していきました。「ボール3つがよかったんやね」という保育者の言葉で、すっと彼の表情は和らいだそうです。そこで、なぜボール3つがいいのかを聞いてみます。すると、彼には彼の思いがあることがわかりました。彼は、ボールをもっている子がいつまでたっても投げずにおり、ゲームが滞ってしまうことが嫌だったのです。実際、どう投げようか迷って、なかなか投げない様子がよくあります。そこで、保育者は、Kくんの思いもみんなに伝えることにしました。「確かに……」という雰囲気の中、副担任の保育者が、「じゃあ、長くなったら10数えて、その間に投げるってことにしたらどう？」と提案し、「それはいいね」ということになりました。そしてKくんを交えてゲームが再開されました。みんなのカウントダウンで、ゲームがずっとスムーズに展開していきます。Kくんも終始明るい気持ちで、ゲームを続けることができました。

　担任の保育者も、まずはいったん受け止めることが大事、そこからゆっくり話すことが大事、と具体的な援助の方向性を、手応えと共につかんでいるようでした。これまでも、同じような援助はしていたでしょう。ですが、以前と異なるのは保育者の心構えや落ち着きです。みんなで考えて導くことができた仮説は、保育者の援助を力強く後押ししたのだと思います。

　この事例では、講師の問いかけによって、点として多角的に見ているものが一本の線でつながったようで、感動すら覚えたと同時に、子ども理解の大切さを思いました。

　自分のクラスの子どもでなくとも、具体的な姿や解釈を出し合うことで、一人の子どもがつまびらかに見えてくること、そこから新たな仮説を導いていく試みは、思考トレーニングとしてどの保育者にとっても大切なことです。このときの園内研修では、本人の「わかる」ということがどれだけ大事かということ、そのことを、本人の困り感も含めて保育者がちゃんと理解していること、そこから具体的な手立てを考えていくことがいかに大事であるかを学びました。

　園内研修のテーマは、子ども理解に限らずさまざまですが、保育者間で価値観の共有ができるところに、そのよさがあります。事例では、子どもの心の葛藤とその奥に潜む「わからなさ」が浮かび上がり、まずはその葛藤を受け止め、「わかる」ための援助が必要であることがわかりました。この考察は、それぞれの保育者のこれからの保育に返っていくでしょう。保育者同士、同じ方向を見ているという感覚は、とても心強いものです。園内研修は、質の高い保育者集団を維持する上で、取り組むべきものといえるでしょう。

3 子ども理解とこれからの保育

（1）より専門性が求められる時代へ

　時代の変化と共に、子育てにおける保育者の役割は、より大きなものとなってきています。保育のはじまりは、託児所を前身とし、養育ができない時間、保護者に代わってその役目を果たす意味合いが濃いものでした。また、教育の普及を意図して1876（明治9）年に創設された東京女子師範学校（現、お茶の水女子大学）附属幼稚園にはじまる幼稚園は、学校教育の一環として位置づけられ、保育に欠ける子どもの養育の場というよりも、子育てにおける付加価値の高さに重きが置かれていました。質の高い教育の普及を目指し、就園率を上げようとする国の政策により、1975（昭和50）年には過半数の幼児が幼稚園に通うようになりました。

　しかし、2000年代になると、女性の社会進出が進み、保育所のニーズが急速に高まります。また幼稚園でも、親のニーズを受けて、教育時間外に預かり保育を行う園が増えていきました。その中で、2006（平成18）年に、幼稚園と保育所双方の機能を併せもつ施設として、認定こども園が制度化されます。いわゆる「幼保一元化」の部分的な実現です。今では、幼稚園、保育所、認定こども園が、乳幼児期の保育を担っており、多くの子どもが一日の大半を園で過ごすようになりました。

　子どもが子ども同士で集団を形成していた時代、子どもが大人のそばで手伝いながら生活を共にしていた時代は、地域や家庭で自然に学んでいたことが多かったでしょう。地域での子ども同士の遊びを通して、運動技能、言葉、数、ルールを学び、人間関係の葛藤や喜びを経験していました。また、大人のそばで、大人の所作を見ながら、料理や洗濯などの家事あるいは職業的な技能を学ぶことができました。

　大人が意図しなくとも、文化の中で育っていた時代が急速に終わりを告げ、すべて園にのしかかってきているのが現代です。子どもは地域の遊び集団をもっていませんし、場所も時間もありません。多くの時間、家か園でしか過ごしませんので、さまざまな大人の姿を見て真似る経験もありません。さらに、家での過ごし方も、早くから動画視聴、ゲームに偏る傾向があり、経験不足と共に、平衡感覚や固有覚（本書p.91参照）、触覚をはじめとする緒感覚の統合もむずかしくなっています。

　また、養育者としての親の生活技能の低下と共に、これまで当たり前に行われてきた子

育ては、どんどんむずかしくなっています。離乳食を進めることも、トイレトレーニングをすることも、子どもの生理的リズムや情緒の波に応えることも、コンビニエンスな時代を生きる今の保護者世代にとっては、至難の業です。今や、子守りは人間から動画にかわりつつあり、子どもの経験不足に拍車がかかっています。保護者の愛情が、失われているわけではありません。身近に子どもを見て育っておらず、見て真似るモデルもなく、知識もない上に、まわりに便利な選択肢がありすぎる、情報がありすぎる今の時代の子育ては、以前とは異なる葛藤とむずかしさに満ちています。

　そのような時代背景のもとで、1989（平成元）年の幼稚園教育要領の改訂において「遊び」という概念が登場し、子どもが自発的、主体的に生きることの重要性が叫ばれるようになりました。もう30年以上も前のことです。発達の道すじからいうと自ら動いて、見て、聞いて、触って学ぶことが至極当然である乳幼児期について、あえて法律によって「遊び」が中心的学習であるといわざるを得ないほど、子どもは子どもとして生きることがむずかしくなっています。

　現代の保育者は、養育を代行するだけでもなく、わかりやすい付加価値をつけることでもない、「子ども」という存在をもっとも知る者として、「子ども」の育ちを守る専門家であることが求められています。子どもが大人の生活圏からどんどんとかけ離れ、園という限定された空間においてのみ過ごしていればいるほど、私たちの専門性は重要となり、その質の高さが求められます。

　しかし、私たちは、誰でもできる職業だと思われている保育について、誰でもできる職業ではないと、未だ言語化できないでいます。私たちが、何を大事にして、何を行っているのか、そこにはどのような根拠があるのか、そのようなことを語っていくことが、これからの保育界の課題だといえるでしょう。

（2）子ども理解と専門性

　保育者の専門性をもっとも表しているのが、子どもを理解する力です。第1章で述べたとおり、子どもは異文化を生きており、私たちとは、見方、感じ方が違います。私たちは、彼らの生きるエネルギーが自然に発揮されるよう、彼らの見方、感じ方を共有しつつ、環境の構成と援助を通して、一歩先へと発達を促していきます。

　子どもの最大の理解者でありながら、適切な育ちの導き手であること、これが保育者の専門性です。保育者の子ども理解は、比喩（ひゆ）を交えていうと、その保育者自身がもっているフィルターを通して行われます。そしてそのフィルターは、保育者が保育者として蓄えていく類型化された知識、見方、考え方が幾重にも重なって、よりきめ細かく、重層的になっていくものだといえます。そのような保育者の専門性によって濾過（ろか）された子ども理解

は、学びに向かう道すじに沿った、より妥当性のあるものとなっていくでしょう。

　このフィルターには、種類があります。それは、「発達」であり、子どもがかかわる物や場所、あるいは、そこから生まれる出来事、すなわち「環境とのかかわり」であり、「教材の質」、「願い」や「ねらい」とその背後にある「カリキュラム」、「人間関係」、子どもの「個性」などです。どの場面で、どのフィルターを使うのかは、何人もの子どもといくつもの出来事に対峙しながら身体を動かしている、その保育者次第、というところに、保育のむずかしさとおもしろさがあります。

　そして、確かに個々の実践の判断は、その保育者次第ではあるのですが、同時に保育者が包まれている地域性、園の文化、理念、同僚性がそこに色濃く反映され、大きな助けともなっています。このことが自覚できる園であればあるほど、保育はおもしろく、やりがいも感じられるでしょう。

　子ども理解は、保育者にとって終わりなき課題です。まわりの助けを借りながら、自分や子どもと向き合い続けることで、少しずつ洗練されていきます。子ども理解のおもしろさ、むずかしさ、大切さがわかるにつれて、保育者であるということの誇りも、また大きくなっていくことでしょう。

演習課題

① 幼稚園、保育所、認定こども園などの乳幼児施設のホームページを 10 園以上見て、自分が魅力を感じる保育について、考えてみましょう。

② 自分についてマインドマップを書いてみましょう。よいところや課題だと思っているところ、好きなことや、苦手なこと、思いつくままに書いてみましょう。その後、友達に自分のよいところを 3 つ以上聞いて、それを書き足してみましょう。

自分のマインドマップの例

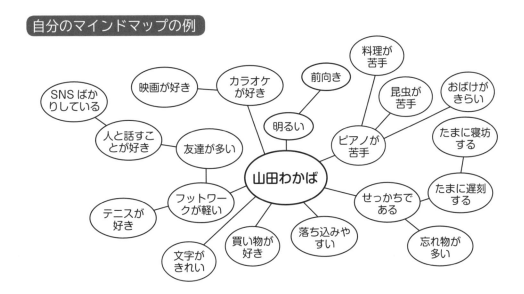

③ 友達と共通に好きな芸能人についてのマインドマップと、共通に苦手な芸能人のマインドマップを書いてみましょう。できたら、それを突き合わせて、それぞれの感じ方の違いや見方の違い、そして共通点を発見しましょう。

より深い専門性を獲得するための
参考図書

技能を必要とする遊び（本書 p.50）

○『子どもは描きながら世界をつくる―エピソードで読む描画のはじまり』
片岡杏子、ミネルヴァ書房、2016

○『図式的表現期における子どもの画面構成プロセスの研究
　　　　　　　　　　　　　　―視覚的文脈と物語的文脈に着目して』
栗山誠、風間書房、2017

○『幼児期における運動発達と運動遊びの指導―遊びのなかで子どもは育つ』
杉原隆・河邉貴子編、ミネルヴァ書房、2014

○『保育内容 領域 表現―日々わくわくを生きる子どもの表現』
堂本真実子編、わかば社、2018

視覚を通して予定・手順を伝える（本書 p.72）

○『PriPri 発達支援　発達障害の子が迷わず動ける！ 絵カード』シリーズ
佐藤曉 監修、世界文化社

- ・（1）食事・トイレ（2018）
- ・（2）着替え（2018）
- ・（3）清潔・片づけ（2019）
- ・（4）気持ち（2019）
- ・（5）コミュニケーション（2019）
- ・（6）ルール・約束（2020）
- ・（7）集団の生活（2021）
- ・（8）あそびの道具（2021）
- ・春の行事（2021）
- ・夏の行事（2022）
- ・秋の行事（2021）
- ・冬の行事（2022）

発達障害を理解する（本書 p.88）

○『あの子の発達障害がわかる本① 自閉スペクトラム症 ASD のおともだち』
内山登紀夫監修、ミネルヴァ書房、2019

○『あの子の発達障害がわかる本② 学習障害 LD のおともだち』
内山登紀夫監修、ミネルヴァ書房、2019

○『あの子の発達障害がわかる本③ 注意欠如・多動症 ADHD のおともだち』
内山登紀夫監修、ミネルヴァ書房、2019

○『保育者が知っておきたい発達が気になる子の感覚統合』
木村順、学研教育出版、2014

引用文献

・数字は本文対応の引用箇所。

序 章

1）内閣府、文部科学省、厚生労働省『幼保連携型認定こども園教育・保育要領解説』フレーベル館、2018

2）白石正久『発達の扉　上―子どもの発達の道すじ』かもがわ出版、1994、p.18

3）文部科学省『幼稚園教育要領解説』フレーベル館、2018、p.13

第1章

1）アルフレッド・シュッツ『現象学的社会学』森川眞規雄、浜日出夫訳、紀伊國屋書店、1980、p.155

2）前掲書1）p.185

3）前掲書1）pp.159-162

第2章

1）小川博久『保育援助論（復刻版）』萌文書林、2010、pp.218-219

2）ロジェ・カイヨワ『遊びと人間』清水幾太郎、霧生和夫訳、岩波書店、1970、p.33

第3章

1）白石正久『発達の扉　上―子どもの発達の道すじ』かもがわ出版、1994、p.65

2）金原洋治、高木潤野『イラストでわかる子どもの場面緘黙サポートガイド　アセスメントと早期対応のための50の指針』合同出版、2018、p.15

3）木村順『保育者が知っておきたい発達が気になる子の感覚統合』学研教育出版、2014、pp.18-54

第4章

1）河邉貴子『保育記録の機能と役割　保育構想につながる「保育マップ型記録」の提言』聖公会出版、2013、p.192

2）前掲書1）、p.192

3）前掲書1）、p.191

4）前掲書1）、p.295

第5章

1）ピエール・ブルデュ『実践感覚1』今村仁司、港道隆訳、みすず書房、1988、p.84

2）安達譲編、安達かえで、岡健、平林祥『子どもに至る―保育者主導保育からのビフォー＆アフターと同僚性』ひとなる書房、2016、pp.123-124

堂本 真実子　（認定こども園 若草幼稚園 園長）

東京学芸大学大学院連合学校教育学研究科博士課程修了。博士（教育学）。
東京学芸大学附属幼稚園教諭、日本大学、昭和女子大学等、非常勤講師を経て、
現職。高知大学非常勤講師。
若草幼稚園ホームページ内のブログ「日々わくわく」で日々の保育を紹介。

【主な著書等】『学級集団の笑いに関する民族誌的研究』（単著）風間書房、2002 /『日々
わくわく』（写真：篠木眞、子ども：若草幼稚園）現代書館、2018、『保育内容 領域
表現―日々わくわくを生きる子どもの表現』（編著）わかば社、2018、「こどものとも
ひろば」（連載）福音館書店ホームページ、他。

＜協 力＞

● 装丁写真・本文写真　　　　篠木　眞
● 本文写真　　　　　　　　　堂本　巌
● エピソード記録　　　　　　細川　咲（若草幼稚園）
● マップ型記録・週日案・ドキュメンテーション

　　　　　　　　　　　　　　多田　登志子（若草幼稚園）

● 装丁　タナカアン

子ども理解と援助
―より深い専門性の獲得へ

2023 年 12 月 13 日　初版発行

著　者　堂 本 真 実 子
発行者　川 口 直 子
発行所　（株）わ か ば 社

〒 173-0004　東京都板橋区板橋 2-46-12
TEL（03）6905-6880 FAX（03）6905-6812
（URL）https://www.wakabasya.com
（e-mail）info@wakabasya.com
印刷 / 製本　シ ナ ノ 印 刷（株）